All jenen gewidmet,
die die Menschenmassenhaltung
menschlicher machen wollen.

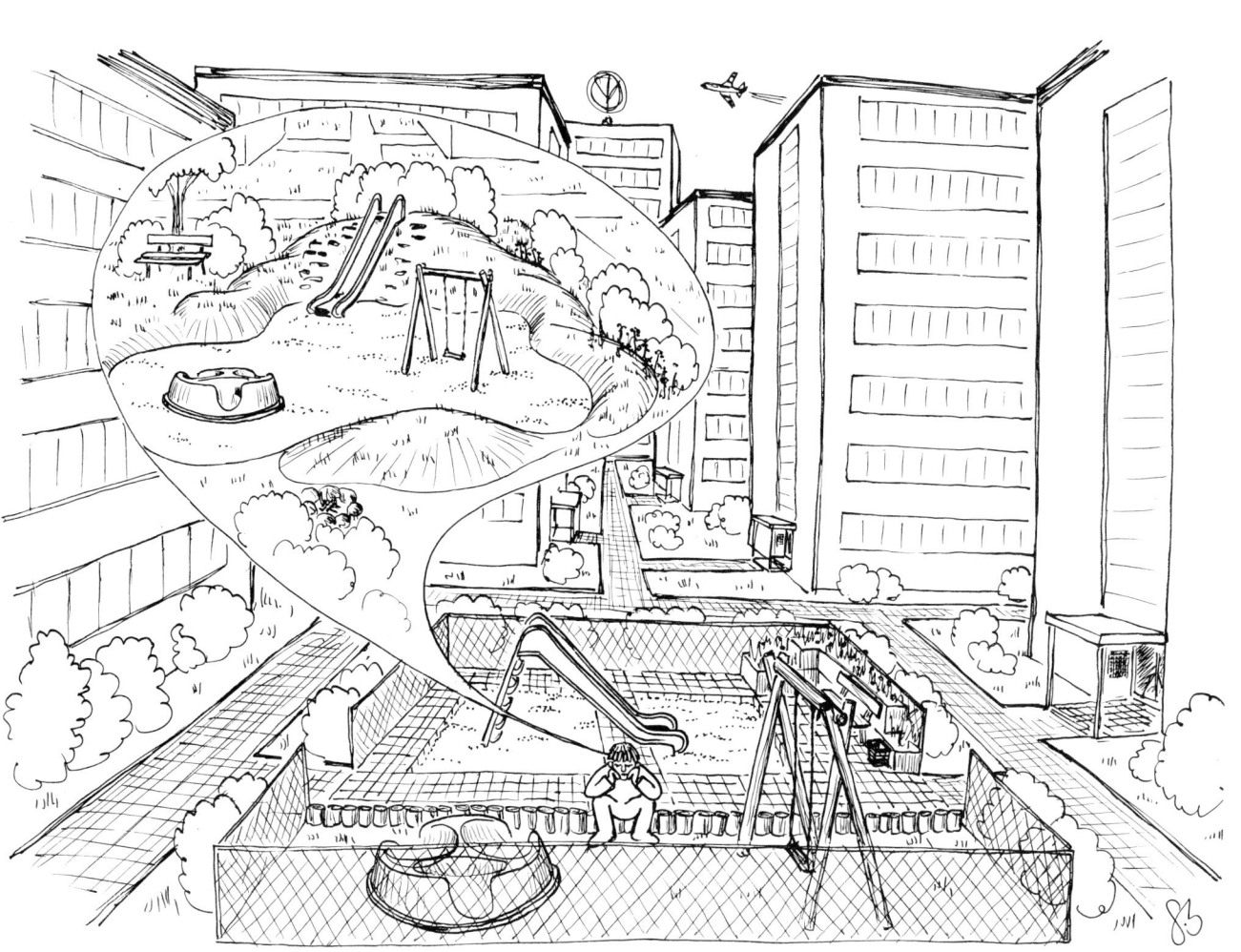

Günter Beltzig

Kinderspielplätze
mit hohem Spielwert

planen · bauen · erhalten

AUGUSTUS VERLAG AUGSBURG

CIP-Titelaufnahme der Deutschen Bibliothek
Beltzig, Günter:
Kinderspielplätze mit hohem Spielwert: planen, bauen und erhalten /
Günter Beltzig. — 1. Nachdr. — Augsburg: Augustus-Verl., 1990
ISBN 3-8043-2332-4

Umschlaggestaltung: Klaus Neumann, Wiesbaden, unter Verwendung
eines Fotos von Norbert Rechler
Layout: Barbara Krauss, Wiesbaden

1. Auflage 1987 Bauverlag GmbH, Wiesbaden und Berlin
1. Nachdruck 1990

AUGUSTUS VERLAG AUGSBURG
© 1990 Weltbild Verlag GmbH

Druck: Druckerei Appl, Wemding
ISBN 3-8043-2332-4

Inhaltsverzeichnis

Vorwort

Es gibt keinen Lehrstuhl für Spielplatzplaner, -bauer und -betreiber. Wir sind alle Autodidakten, und damit wird vieles, was wir machen, sehr subjektiv, manches zufällig und einiges polemisch, auch dieses Buch. Trotzdem hoffe ich, daß dieses Buch helfen wird, besser funktionierende Spielplätze zu planen und zu bauen.

Spielplätze sind notwenig, weil wir in unserer Ordnungsliebe alles sortieren und regeln wollen. Hier die Arbeit, dort das Wohnen, da das Einkaufscenter, das Kulturcenter, das Sportcenter und weiter weg das Erholungsgebiet. Wir zerstören aber damit ursprünglich gewachsene Strukturen, die Kinder in unsere Gesellschaft integrieren würden und in denen Kinder überall spielen könnten. In einer integrierten, natürlichen Lebensstruktur sind keine Spielplätze notwendig.

Das Buch zeigt keine Musterspielplätze, die einfach abgezeichnet und nachgebaut werden können, sondern es soll einige Probleme andeuten, die man beachten muß, wenn ein Spielplatz funktionieren soll.

Spielplätze sind Krücken für fehlende Menschlichkeit. Wir können unsere Gesellschaft nicht ändern, versuchen wir deshalb, so gute, so funktionstüchtige Krücken wie eben möglich zu machen.

Spielplätze sind Abreagierräume und Ersatzwelten. Kinder müssen dort versuchen, ihre zum Leben benötigten Bedürfnisse zu befriedigen. Versuchen wir, Ihnen das so zu ermöglichen, daß sie sich nicht wie weiße Mäuse fühlen müssen.

Daß uns Kinder so aufregen, mehr als alles andere und wir uns deshalb über Kinderlärm mehr aufregen müssen als über Verkehrs- und Fluglärm liegt daran, daß wir beim Anschimpfen unserer Kinder Erfolgserlebnis haben. Wir können Kinder beeindrucken, wenn wir sie beschimpfen. Einem Düsenjäger nachzuschimpfen, ist frustrierend.

Sind wir kinderfeindlich? Nein! Wir wollen bloß, daß die Kinder sich so verhalten, wie wir es für richtig halten.

Die in Liebe gespendeten, geplanten und gebauten Spielplätze sind nicht der Beweis dafür, daß wir es gut mit unseren Kindern meinen, sondern häufig ein Zeichen, daß wir Kinder abschieben wollen, anstatt uns mit ihnen zu beschäftigen. Daß wir diese Kindergettos als Zeichen von Kinderliebe hinstellen, ist Zynismus, erst recht, wenn wir uns damit selbst beweihräuchern.

Vergessen wir bei aller Planung nicht, der ideale Spielplatz ist die ungestaltete Wildnis.

Günter Beltzig   Hohenwart Deimhausen

Was ist Spielen?

Ist es mit dem Rasselchen schütteln?

Ist es mit den Bauklötzen bauen?

Ist es raufen?

Ist es laufen und fangen?

Ist es im Sand buddeln?

Ist es mit dem Taschenmesser schnitzen?

Ist es die Puppe ins Bett bringen?

Ist es die Eisenbahn fahren lassen?

Ist es Briefmarken sammeln?

Ist es Computer bedienen?

Ist es basteln?

Ist es Musik machen?

Ist es Feste feiern?   Ist es Freizeitgestaltung?   Ist es Auto fahren?   Ist es erfolgreich arbeiten?

Was ist Spielen? Ist es Lernen, Training, Arbeit oder Erholung?

Spielen das keinen Spaß macht, ist Arbeit!
Arbeit, die Spaß macht ist Spielen!

Aber nicht alles ist Spielen, was wir Spielen nennen.

Unsere Gesellschaft ist eine Erwachsenenwelt, in der wir Erwachsenen Spielerlebnis und Spielspaß haben; sie ist nicht für Kinder gebaut. Kinder sind in unserer Welt Fremdkörper, die keinen Spielraum haben.

Zum Spielen braucht man die Freiheit der Selbstentscheidung, hat man nicht die Möglichkeit dazu, wird Spielen zum Muß, zur Arbeit.

Spielen unter Anleitung ist Beschäftigungstherapie, Freizeitgestaltung oder so etwas Ähnliches wie sportlicher Leistungskampf. In vielen Fällen ist eine solche Beschäftigung mit Kindern notwendig oder zumindest berechtigt, es ist aber kein Spielen.

Wenn Erwachsene mit Kindern spielen, besteht oft die Gefahr, daß sie die Selbstentscheidung der Kinder nicht berücksichtigen. Erwachsene leiten das Spielen, was dazu führt, daß sie das zulassen, was sie für richtiges Spielen halten. Das ist für Kinder kein freies Spielen.

Erwachsene spielen selten mit Kindern, man kann eher sagen, sie bespielen die Kinder.

Wir alle spielen. Wenn wir nicht mehr spielen, sind wir psychisch krank, hören wir auf, uns weiterzuentwickeln. Wir vergreisen und hören auf menschlich zu sein.

Spielfunktionen auf dem Spielplatz

Das Kind trainiert seinen Körper.

Es trainiert sein Sozialverhalten.

Zusammenhänge erkennen

Fingerfertigkeiten

Hilfsbereitschaft

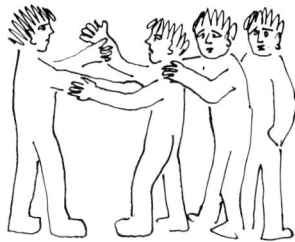

Selbstbehauptung in der Gruppe

Muskeln stärken

Reagieren

Miteinander auskommen

Stimmungen austoben

Es trainiert Mut.

Es trainiert soziale Zusammenhänge

Mit Gefahr umgehen

Überwinden von Angst

durch erdachtes Rollen-spiel

durch erlebtes Rollen-spiel

Es trainiert

Fühlen

Hören

Sehen

und Erlebnisse verarbeiten.

Es ist Unsinn, Kindern Waffen und Kriegsspielzeug vorzuenthalten. Wenn Kinder täglich im Fernsehen, im Kino und in Zeitungen Gewalt sehen und in ihrer Umgebung spüren, müssen sie Gewalt auch ausspielen können, um mit ihr fertig zu werden. Wenn wir Frieden wollen, so müssen wir bei uns selbst anfangen, ohne Gewalt reden, ohne Gewalt miteinander auszukommen, ohne Gewalt zu erziehen.

Kinder wollen genau wie die Erwachsenen die Umwelt selbst gestalten. Dies ist auf herkömmlichen Spielplätzen nicht möglich. Als Ersatz können sie auf sogenannten Bau- oder Abenteuerspielplätzen mit Kartons oder Baumaterial Hütten bauen, aber nur unter Anleitung. Auch dies ist nur Ersatz für fehlendes Selbstgestalten.

Im Sand graben ist meist ein Arbeitsspiel, wo Ausdauer und bewegte Sandmassen Spielspaß machen. Nur seltener werden als kreatives Gestaltungsspiel Burgen gebaut.

Wie war es früher?

Früher war das Leben der Kinder nicht besser und romantischer, wie es in Kinderbüchern oft dargestellt wird. Kinderarbeit und Gewalt in der Erziehung waren trostlos.

Dagegen war das Lebensumfeld nicht so durchorganisiert, gestaltet und verbaut wie heute. Kinder konnten Spielflächen und Spielzeiten selbst gestalten. Kinder gehörten zur Gesellschaft, sie wurden nicht aussortiert.

Kinder spielten in der Wohnküche.

Kinder spielten auf dem Hof, in der Werkstatt, im Lagerschuppen.

Kinder spielten im Hausflur, im Dachspeicher, im Keller.

Kinder spielten auf den Straßen und Plätzen.

Kinder durften in der Natur spielen, Baumbuden und Wurzelhütten bauen, Bäche stauen und Lagerfeuer machen.

Eine Zeitlang gab es nach dem Krieg noch ähnliche Freiräume zur Selbstgestaltung. Es waren Trümmergrundstücke, Ruinen, Schrottplätze, Brachland. Alles, was man als Mensch können muß, konnte dort erfahren und erspielt werden. Doch leider sind diese kindgerechten Flächen unserer Ordnungsliebe, unserem Ästhetikgefühl und der Reinlichkeitssucht zuliebe verbaut worden.

Unsere Städte, Gemeinden, Siedlungen und Häuser haben nichts mehr, wo Kinder ihr Lebensumfeld selbst gestalten können, sich kindgerecht verhalten können. Aber wir Erwachsenen können dort auch nicht mehr menschengerecht leben. Camping, Touristik, Flucht ins Grüne, Zweitwohnungen auf dem Lande sind die Folge. Wir brauchen Freiflächen, begeh- und belebbare Grünflächen, Spielflächen nicht nur für Kinder, sondern für alle Menschen, für alle miteinander.

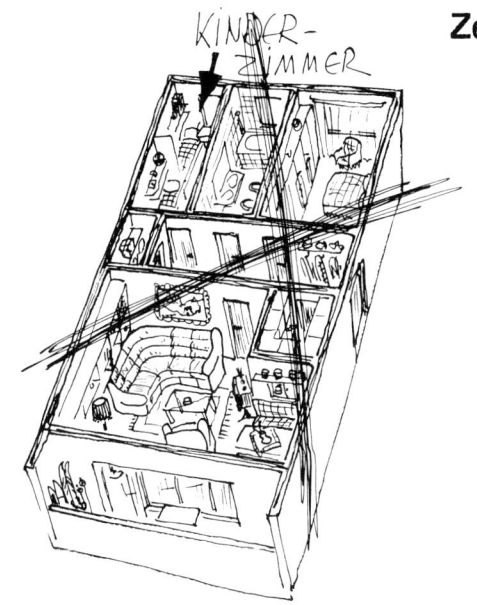

Wenn wir funktionsgerechte Wohngrundrisse hätten. Wenn die Wohnungen für Erwachsene und Kinder gleichermaßen geplant wären, würden Kinder nicht so lästig und störend in den Wohnungen empfunden werden.

Wenn in jedem Mehrfamilienhaus Gemeinschaftsräume für Kinderspiel, Hobby und Feiern wären, würde die Hausgemeinschaft zu einer echten Gemeinschaft, die auch Kinder aufnehmen und aushalten kann.
(Kosten? Zu jedem Mehrfamilienhaus sind zwingend Garagen für unseren Götzen Auto vorgeschrieben, Spielräume sind billiger als Garagen).

Zentralisierte Spielgettos wären nicht notwendig:

Wenn in jedem Hausflur, Treppenhaus und Eingangsbereich Spielen erlaubt wäre, vielleicht sogar Spielanreize geschaffen würden, wären unsere Häuser fröhlicher, und da sich Kinder nicht so übermäßig auf einen Platz konzentrieren müßten, auch nicht lauter und wilder als andere Menschen.

Wenn auf Plätzen und Straßen überall so viele Spielmöglichkeiten wie Autoparkplätze geschaffen würden, wären Kinder keine Außenseiter mehr. Vielleicht würde der eine oder andere gestreßte Geschäftsmann dann gerne einmal mitspielen.

17

Wer ist für Spielplätze verantwortlich?

Wie eingangs erwähnt, gibt es keinen Lehrstuhl für Spielplatzplaner, -bauer und -betreiber. — Alle sind Autodidakten, und damit kann je nach Vorbildung, Beruf und Engagement oft manches in die eine oder andere Richtung einseitig oder übertrieben werden.

Durch Vorbildung, Beruf und Engagement lassen sich die Initiatoren und Verantwortlichen für Spielplätze in Gruppen zusammenfassen, die typische Stärken oder Schwächen haben. Man sollte sie kennen und darüber nachdenken und versuchen, vorsichtig diese Schwächen und Stärken auszugleichen.

Anlieger, Elterninitiativen, politische und Interessengruppierungen

Aus diesen Gruppen kommt das größte Engagement in Sachen Spielplatz. Sie wissen oft genau über Struktur, Bedürfnisse und Wünsche der Kinder und Jugendlichen aus ihrem Bereich Bescheid. Sie identifizieren sich mit "ihrem Platz", wodurch er oft noch nach Jahren besser gepflegt und gewartet ist als normal üblich. Aber sie sehen leider oft auch nur die Probleme und Bedürfnisse ihrer Klienten und übersehen die Bedürfnisse anderer Gruppen oder sie neigen zu utopischen oder idealistischen Forderungen, die im rauhen Spielplatzalltag nicht finanzierbar oder machbar sind.

Garten- und Landschaftsarchitekten, Gartenamt- und Parkverwaltungen

Aufgrund ihrer Ausbildung darf man sicher sein, daß sich diese Gruppe um die Spielplatzlandschaft, um die Bepflanzung und das ganze Drumherum besonders liebevoll kümmert und je nach Kreativität und Gestaltungskraft schöne und gute Spielplätze macht. Die Gefahr ist allerdings, daß dabei leicht die Kinder und der betretbare Freiraum für Kinder zu kurz kommen, oder daß zu wenig Spielgeräte und Spielanreize miteingeplant werden.

Planer wie Architekten und Designer

Diese Gruppe neigt zu sehr sauberen, exakten und bis ins Detail durchkonstruierten Anlagen. Leider wird oft dabei vor lauter architektonischer und manchmal künstlerischer Leistung der Wunsch der Kinder nach Wildnis vergessen, auch werden durch diese Planungsfreude oft zu viele Spielgeräte eingesetzt.

Gärtner, Garten- und Landschaftsbauer, Mitarbeiter von Bauhöfen

Das sind die Praktiker unter den Spielplatzplanern und -erbauern. Sie wissen aus ihrer Erfahrung, was lange hält und leicht zu pflegen ist, wie ein Spielplatz sein muß, um ihn lange tipp topp zu halten. Aber leider suchen sie deshalb oft nur die einfachste, bewährteste Lösung, sind allen Experimenten abgeneigt, und ihre Wünsche nach Einfachheit, Übersicht und Ordnung stehen im Widerspruch zu den Spielwünschen der Kinder.

Pädagogen, Sozial- und Jugendamt-Mitarbeiter wie Sozialhelfer oder Soziologen

Diese Gruppe setzt sich ebenfalls mit großem Engagement für die Spielbedürfnisse der Kinder ein. Sie macht experimentelle Spielanlagen und versucht aus pädagogischer und sozialpädagogischer Erfahrung heraus, neue, für Kinder bessere Spielplätze zu machen. Leider wird hierbei manchmal die technisch-handwerkliche Ausführung zu wenig beachtet, weshalb es auf diesen Plätzen zu starkem Verschleiß und Zerstörung kommen kann und zwangsläufig zu Ärger mit dem Pflege- und Wartungspersonal.

Spielgerätehersteller und deren Verkaufspersonal

Diese Gruppe hat, wenn sie lange genug im "Geschäft" und mit persönlichem Interesse bei der Sache ist, große Erfahrung darin, was bei Kindern ankommt. Auch bei Unfall-, Sicherheits- und Anliegerproblemen können sie beratend helfen. Allerdings wollen und müssen sie ihre Produkte verkaufen — und manchmal auch etwas zu viel von ihrem Produkt "Spielgerät".

Spielplatzlage, Einzugsgebiet, Kosten

Ein neuer Spielplatz wirkt immer als Magnet. Er zieht aus einem großen Umfeld Kinder an. Zwar ebbt die Anziehungskraft mit der Zeit ab, aber übermäßige Abnutzung des Platzes und Verärgerung der Anlieger wirken oft lange nach.

Eisenbahnschienen, Kanäle, Fernstraßen und stark befahrene Straßen schirmen Spielplätze von Einzugsgebieten ab, trennen gewachsene Wohn- und Lebensstrukturen.

Ein Spielplatz ist nie eine Einzelmaßnahme, sondern ein Eingriff in ein kompliziertes Netz von sich gegenseitig beeinflussenden Gegebenheiten. Kinder werden aus ihrem Umfeld abgezogen und von anderen Spielmöglichkeiten weggelockt, die dadurch weniger benutzt und abgenutzt werden. Es werden andere Wege und Straßenübergänge benutzt. Die Kinder müssen die Wege und die sich ergebenden Gefahren neu lernen. Es müssen Zugänge gesichert und am Wege liegende Gefahren entschärft werden. Die Anlieger werden sich durch die vielen, oft aus anderen Ortsteilen kommenden Kinder zusätzlich belästigt fühlen. Ruhige Wohnstraßen können dadurch zu fröhlichen, belebten Spielwegen werden. Deshalb muß immer, auch bei der Planung eines einzelnen Spielplatzes, das gesamte Umfeld mit Einwohnerstruktur, Schul-, Sport- und Spielplatzversorgung, Wege und Verkehrsnetz gesehen werden. Eventuell ist es notwendig, den Bau eines neuen Spielplatzes zu verzögern, bis man gleichzeitig mehrere bauen und eröffnen kann, um eine einseitige Verlagerung der Benutzer oder Überbeanspruchung der Plätze und Wege zu verhindern.

Einkaufszentren, Schulzentren, Sportstätten ziehen Menschen an und wirken dadurch als Verbindungsglied zu einem großen Umfeld. Sie ziehen damit auch Kinder von weither an. Kinderspielplätze in der Nähe von solchen Einrichtungen angelegt, haben ein größeres Einzugsgebiet als in reinen Wohngebieten.

Während pro Wohneinheit in den verschiedenen Bauverordnungen anderthalb bis zwei Autoabstellplätze vorgeschrieben sind, wird in der gültigen DIN 18034 vom November 1971 pro Einwohner 0,75 m² für Kinder und 1,5 m² für Erwachsene als Spielplatzfläche gefordert. Im Entwurf zur neuen DIN 18034 wird zwar mehr Platz gefordert, aber immer noch nur ein Bruchteil der Fläche, die für das Auto vorgesehen ist.

Wenn man die Straßenflächen zu den Autoparkplätzen hinzuzählt und diese dann den Flächen, auf denen Kinder spielen dürfen, gegenüberstellt, dann erkennt man, warum wir sichtbar kinderfeindlich sind.

Die Minimalmaßvorschriften für Spielplätze führen zu winzigen Restgrundstückspielplätzen, auf denen Kinder sich nicht austoben können, ohne die Anlieger zu belästigen. Diese kleinen Plätze sind durch Übervölkerung schnell verschlissen und übermäßig verdreckt. Sie werden dann zur Kloake, zum Schandfleck einer Siedlung. Abgesehen davon, daß es durch die punktuelle Konzentrierung der Kinder oft zu Verkehrsunfällen auf dem Hin- und Rückweg zu diesen Plätzen kommt.

In the map illustration:

GRÜNZONE ALS SPIEL UND FREIZEITFLÄCHE AUCH ALS ALTERNATIV VERKEHRSFLÄCHE FÜR FUSSGÄNGER UND RADFAHRER

VERKEHRSBERUHIGTE STRASSE

Besser ist es, Spielplätze nicht als zentralisierte Spielgettos auf Restgrundstücken zu planen, sondern großzügige Alternativverkehrsnetze für Fußgänger und Radfahrer mit Spiel-, Erholungs- und Freizeitreizen anzulegen, die die Siedlungen durchweben und mit verkehrsberuhigten Straßen verbinden. Durch die dezentrale Aufgliederung der Spielmöglichkeiten verhindert man eine starke Konzentrierung der Kinder, damit wird die Anliegerbelästigung erträglich. Man schafft lebenswerte Wohnsiedlungen auch für alte Leute. Die Trennung von Fußgänger- und Autoverkehr fördert die Sicherheit nicht nur für Kinder, sondern für alle Beteiligten.

Das Gejammer, daß dafür keine Grundstücke und kein Platz vorhanden sei, stimmt nicht. Genau wie für Autostraßen ganze Häuserzeilen aufgekauft und abgerissen werden, können auch für die Lebensqualität eines Wohngebietes Opfer gebracht werden.

In the illustration sign: LIEBER AUTOFAHRER HABE BITTE VERSTÄNDNIS FÜR DEN STAUB UND KRACH HIER ENTSTEHT EINE NEUE SCHNELLSTRASSE

Zur Zeit wird in der Bundesrepublik für Spielplätze jährlich so viel Geld ausgegeben wie zwei Tornado-Kampfflugzeuge kosten. Wir sollten überlegen, ob die Freiheit vielleicht mit einigen Flugzeugen weniger genauso gut verteidigt werden kann, aber dafür die Freiheit für unsere Kinder lebenswerter gestaltet werden könnte.

Der Aspekt der Wirtschaftlichkeit ist, glaube ich, nur ein scheinbares Argument. Denn gäbe es ihn, dann führe kein Beamter, Politiker, Funktionär oder Manager größere Autos als z.B. den Golf Diesel.

Die Kosten

GRUNDSTÜCK   WEGE, ANPFLANZUNG, ZAUN   SPIELGERÄTE

Geld ist etwas sehr Abstraktes. Um sich die Kosten eines Spielplatzes besser vorstellen zu können, sollte man in Vergleichswerten rechnen. Das Grundstück ist das teuerste; je nach Ortspreisen kostet es so viel wie 5 bis 15 Mittelklasse-Autos. Der zweitgrößte Etat sind Kosten für Erdarbeiten, Dränung, Wege, Anpflanzungen und Zäune je nach Größe 2 bis 5 Mittelklasse-Autos. Für die Spielgeräte wird ein Mittelklasse-Auto gerechnet. Daran sieht man, daß am Grundstück, an Wegen, Anpflanzung und Zaun sehr viel wirkungsvoller gespart werden kann als an dem kleinsten Etat, nämlich dem für Spielgeräte.

Um die Kosten für einen Spielplatz gering zu halten, kann es zweckmäßig sein, das Grundstück nur zu pachten. Bei einer normalen Benutzungsdauer von 15 bis 20 Jahren reichen gewöhnliche Pachtverträge aus. In Innenstadtgebieten mit absolutem Raummangel können auch auf kurzfristig brachliegenden Grundstücken für 1 bis 2 Jahre Kurzzeitspielplätze mit leicht auf- und abbaubaren Spielgeräten sinnvoll errichtet werden.

Spielplatzplanung

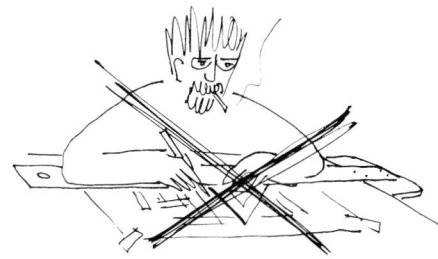

Spielplätze dürfen nicht am Zeichenbrett geplant werden, sondern müssen an Ort und Stelle erdacht, erlebt und gestaltet werden.

Billiger ist es, mit einem Radlader oder Bagger vor Ort Landschaftsgestaltung zu machen. Die Grube mit Spielsand oder Fallschutz-Feinkies füllen, ein paar wuchernde, robuste Büsche und die Hügel durch entstehendes "Unkraut" sich selbst begrünen lassen, und dann noch ein paar Spielgeräte darauf.

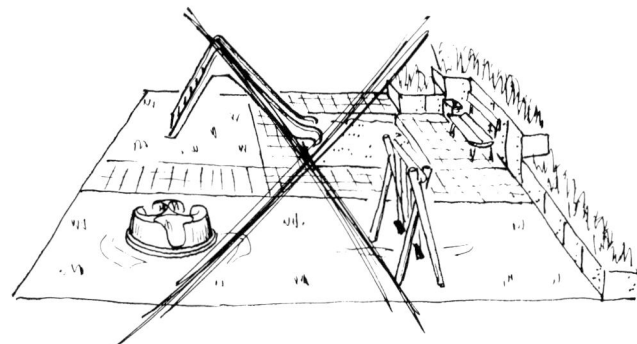

Am Zeichenbrett entstandenen Spielplätzen sieht man die Künstlichkeit an. Dann wird für Mauern, Einrandungen, Gehplatten und Pflanzenkübel mehr Geld ausgegeben als für den gesamten Spielplatz notwendig wäre.

Eine wilde Miniaturlandschaft mit ein paar Spielanreizen hat mehr Spielwert und kostet viel weniger als ein durchgestaltetes Spielgetto.

der 50er und 60er Jahre stellen für uns heute sichtbar Geschmacksrichtungen dieser Zeit und damit Mode dar. Mal waren es Rosenrabatten, dann Waschbetonplatten, dann Palisadenhügel und jetzt sind es sogenannte Biotope oder was der jeweilige Planer darunter versteht.

Schön gestaltete Spielplätze werfen immer wieder die Frage auf: Was ist schön und für wen ist es schön? Von Erwachsenen geplante schöne, ästhetische Spielplätze sind nur für die Erwachsenen schön. Daß mit solchen Spielplätzen Kinder zu ästhetischem Empfinden erzogen werden, wäre nur dann möglich, wenn diese Gestaltungen auch prinzipiell zeitlos Schönes und nicht wie üblich, Modisches darstellen würden. Die Bundesgartenschauen

Kinder lieben die ungestaltete Wildnis und finden sie damit schön. Wenn man für Kinder schöne Spielplätze planen soll, dann sollten sie so viel Wildnis und so wenig Ästhetik wie nur möglich haben.

Der Lebensrhythmus eines Spielplatzes

Wenn ein Spielplatz in einer Neubausiedlung eingerichtet wird, sind Mütter mit Kleinkindern die Hauptbenutzer.

Nach fünf Jahren sind die Kinder größer, aber immer noch kommen ein paar Mütter mit ihren Kleinkindern.

Nach zehn Jahren geht es auf dem Spielplatz schon erheblich lebhafter zu; es gibt kaum noch Kleinkinder, keine Mütter mehr, dafür aber die ersten Zigaretten und Bierflaschen.

Nach fünfzehn Jahren sind aus den Kindern "Halbstarke" geworden. Es ist aber noch immer "ihr" Spielplatz, auch wenn die Anlieger ihn nur für Kinder bis zwölf Jahren benutzen sehen wollen. Die Spielgeräte sind zerschlissen, kaum jemand pflegt den Platz, er ist bald nur noch ein Schandfleck.

Nach zwanzig Jahren ist der Spielplatz endlich renoviert worden, aber im Einzugsgebiet gibt es keine Kinder mehr. Bis die Häuser und Wohnungen wieder für jüngere Familien mit Kindern frei werden, werden noch weitere zwanzig Jahre vergehen.

In alten Siedlungsgebieten, speziell in den Städten, ist die Vermischung älterer und jüngerer Familien stärker. Deshalb wird dort ein Spielplatz auch kontinuierlicher benutzt. Auch Arbeitslose und Jugendliche, die keine anderen Orte zur Erholung oder Beschäftigung haben, sorgen für eine ständige Benutzung der Spielplätze.

Sonderspielplätze in Kindergärten, auf Schulhöfen oder auf Sportplätzen werden immer von der gleichen Alters- und Interessengruppe benutzt. Deshalb gilt für diese Spielplätze der dargestellte Lebensrhythmus nicht.

Eingangsbereich

Der Eingangsbereich ist die gefährlichste Stelle eines Spielplatzes! Wenn Kinder vom oder zum Spielplatz gehen, sind sie oft schon oder noch in Spielstimmung, so daß sie ihre Umgebung nicht aufmerksam wahrnehmen.

Im Eingangsbereich muß durch Barrieren oder labyrinthartige Geländer verhindert werden, daß Kinder spontan auf die Straße laufen können.

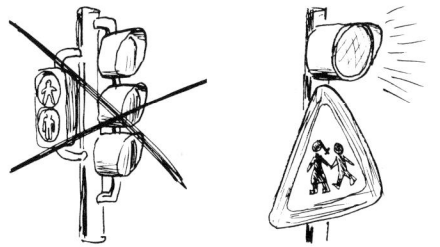

An Straßenübergängen, die hauptsächlich von Kindern benutzt werden, dürfen keine Ampeln stehen. Denn Kinder werden zu oft abgelenkt oder verführt, bei Rotlicht die Straße zu überqueren. Der Autofahrer wird durch sein Grünlicht aufgefordert, zügig über die Kreuzung zu fahren und wird dadurch der Verantwortung für die am Straßenrand vielleicht noch laufenden Kinder enthoben.

Gelbe Blinkzeichen warnen die Autofahrer und zwingen zur Eigenverantwortung.

Umzäunungen

Grundsätzlich sollten Zäune oder Einfriedigungen so selten wie möglich eingesetzt werden, um die Getto- oder Käfigsituation nicht noch unnötig zu betonen. Wenn in engen Wohngebieten Privatgrundstücke direkt an Spielplätze anschließen, sind Zäune gerechtfertigt.

Gefahrenstellen müssen vom Spielplatz abgeschirmt werden und zwar so, daß das Kind die Gefahr erkennen kann. Mauern und abgeschlossene Holzzäune reizen die Neugier und verleiten zum Übersteigen.

Kinderlärm ist relativ – bei den eigenen Kindern ist er Musik, bei fremden ruhestörender Lärm. Deshalb sollten stark bespielte Spielplätze schalldämpfende Maßnahmen haben.

Dichte, wild wuchernde Hecken schirmen nicht nur Schall ab, sondern können auch schallschluckend wirken. Der Effekt ist bei geringer Breite der Bepflanzung mehr psychisch wirksam.

Schallschutzwälle, die zusätzlich bepflanzt werden, haben demnach noch bessere Schallschutzwirkung. Sie sollten aber so gestaltet sein, daß Kinder nicht auf die Wälle steigen und von oben runterschreien können.

Auch mit Garagen kann man Spielplätze schallabschirmend gestalten. Allerdings wirken glatte Garagenwände nicht schallschluckend, sondern werfen den Schall zurück. Dadurch kann die gegenüberliegende Seite durch die Echowirkung verstärkt belästigt werden und muß deshalb durch schallbrechende Bepflanzung geschützt werden.

Abgrenzungen auf dem Spielplatz

Abgrenzungen zwischen den einzelnen Spielflächen sind Auslöser für viele Unfälle auf Spielplätzen. Eine Gliederung der Flächen ist aus funktionellen Gründen meist nicht notwendig — aus ästhetischen Gründen schon gar nicht.

Wenn man steile Hangabstützungen braucht, sind Trockenmauern aus Bruchsteinen, Findlingen oder speziell geformten Betonsteinen preiswerter und haltbarer. Sie können als Kletterwand Spielfunktion haben.

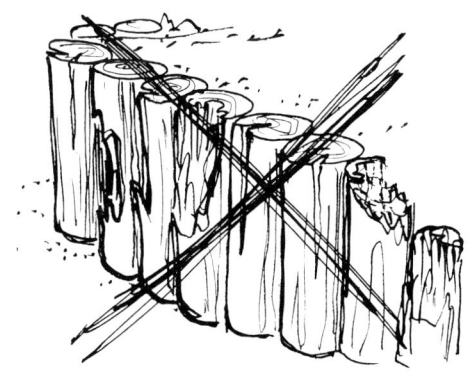

Hangabstützungen aus Palisaden sind wegen der kurzen, nur etwa zehnjährigen Lebensdauer der Palisaden im Erd-Luft-Bereich nicht zweckmäßig. Außerdem ist das Auswechseln einzelner verfaulter Stämme sehr aufwendig.

Die preiswerteste und unfallärmste Art, Höhenunterschiede zu überwinden, ist die Abböschung. So kann man Spielhügel, Rutschhänge und Miniaturlandschaften gestalten, die auch ohne Geräte Spielwert haben. Sie schaffen außerdem eine ästhetische und natürliche Umgebung, die mit Palisaden niemals möglich wäre.

Untergrund

Verschiedene Spielsituationen erfordern verschiedene Spielflächenuntergründe. Für Spiele, bei denen mit Sand gearbeitet, gebaut und gestaltet wird, ist klebendes, lehmhaltiges Material notwendig. In Spielzonen, wo der Boden falldämpfende Eigenschaften haben muß, sind Feinkies oder Hackschnitzel geeignet. Bei Laufspielen ist Rasen oder Tennenboden gut.

Und für Rollschuhe, Skateboard und andere Fahrspiele, aber auch für Pflastermalen und Hüpfkästen, ist Asphalt oder Beton sinnvoll.

Als Fallschutzbelag werden oft federnde Platten aus Gummi, Recyclingmaterial oder Kunststoffen angeboten. Da diese Platten aber durch ihre gut haftende Oberfläche als Stopper wirken, kommt es dort bei schräglaufenden Stürzen leicht zu Knöchelverrenkungen, Brüchen und sehr schlecht heilenden Hautabschürfungen. Sicherer sind deshalb auf Spielplätzen, wo meist aus der Bewegung, dem Laufen, dem Schaukeln, dem Rutschen gefallen wird, lockere, falldämpfende Materialien wie Feinkies oder Rindenhackschnitzel.

Sand als falldämpfendes Material ist nicht so gut geeignet, da er sich mit zunehmendem Verschmutzungsgrad verdichtet. Auch im nassen Zustand wirkt er wie eine Asphaltfläche.

Gewaschener, runder Feinkies — nicht gebrochenes Material von der Körnung 0,3 bis 0,8 cm — verdichtet sich nicht, hat durch gute Wasserdurchlässigkeit einen selbstreinigenden Effekt und fällt leicht in die eingetretene Vertiefung zurück. Er braucht deshalb weniger Pflege und hat über lange Zeit falldämpfende Eigenschaften.

Die stärksten falldämpfenden Eigenschaften haben Rindenhackschnitzel durch ihre Federwirkung. Bei ganz "wilden" Spielgeräten sollte man sie einsetzen. Sie brauchen aber eine gute Dränunterschicht, damit sie nicht zu schnell verrotten.

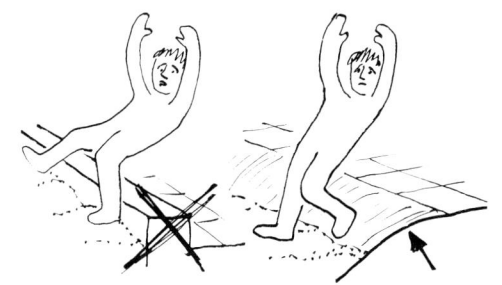

Die Fallschutzflächen sollten nicht durch Stolperschwellen eingefaßt werden, sondern durch abgesenkte, teichartige Gruben. Zum einen sind sie so sicherer, zum anderen fällt das falldämpfende Material immer in die Grube zurück, die deshalb pflegeleicht ist.

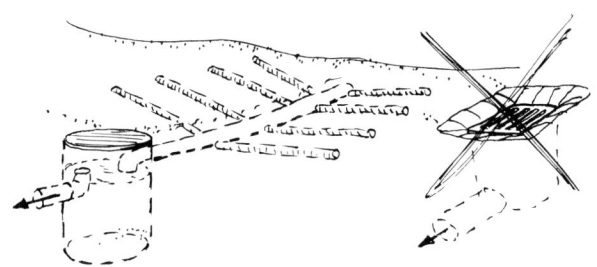

Entwässerungen von Spielflächen sollten immer durch großzügig bemessene Dränanlagen erfolgen, niemals durch Kanalgullys, die schnell durch lockeres Material verstopfen und zu Kloaken werden können; abgesehen davon, daß es Spielwert haben kann, Gullys zu verstopfen und Überschwemmungen zu erzeugen.

Auch Sandkästen sollten keine hochgelegte Umrandung haben, da diese sonst als Spielfläche dient und nur selten der Sand nach innen abgeräumt wird.

In der Sandgrube aufgestellte Sandspieltische sind zweckmäßiger und machen den Platz pflegeleichter.

Die Verschmutzung der Spielsandflächen durch Hunde und Katzen ist selbst durch Einzäunungen und Trittroste im Eingangsbereich nicht zu verhindern, da Tierliebhaber ihren Tieren natürliches Scharren nicht vorenthalten wollen.

Nur ausgedehnte sandige Auslaufflächen in der näheren Umgebung verhindern die Verschmutzung durch Hunde und Katzen.

Sandflächen zum Spielen müssen im Gegensatz zu Fallschutz-, Feinkies- und Hackschnitzelflächen besonders gepflegt werden. Der Sand sollte je nach Verschmutzungsgrad etwa alle drei Jahre ausgewechselt werden. Chemische Reinigung oder Tötung der Bakterien durch Hitze hat sich nicht bewährt, da mit der Entkeimung des Sandes nicht nur schädliche, sondern auch nützliche, die Verschmutzung verarbeitende Bakterien abgetötet werden. Solche keimfreien Sandspielflächen sind schon nach kurzer Zeit, wenn ein neuer Bakterienherd eingebracht wird, in der gesamten Fläche verseucht, während in einer nur mit Rechen gesäuberten Sandfläche ein zusätzlich eingebrachter Bakterienherd von den vorhandenen Bakterien örtlich begrenzt wird.

Solange keine Ruhr- und Colera-Epidemien von einem Spielplatz ausgehen, sollte so wenig wie möglich Chemie eingesetzt werden. Etwas Schmutz ist gesund, es macht den Menschen widerstandsfähiger.

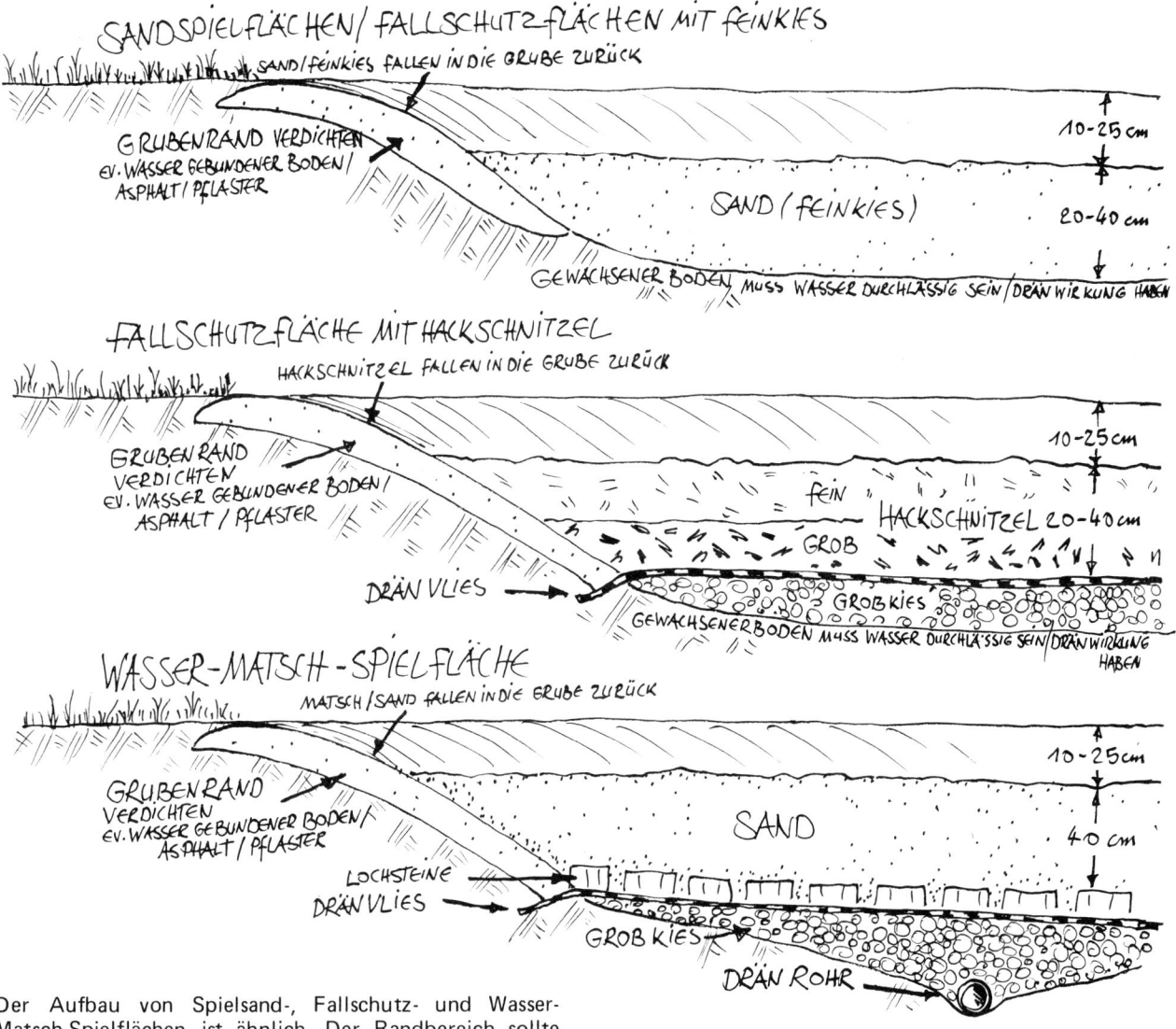

SANDSPIELFLÄCHEN/ FALLSCHUTZFLÄCHEN MIT FEINKIES

SAND/FEINKIES FALLEN IN DIE GRUBE ZURÜCK

GRUBENRAND VERDICHTEN
EV. WASSER GEBUNDENER BODEN/
ASPHALT/PFLASTER

SAND (FEINKIES)

10-25 cm

20-40 cm

GEWACHSENER BODEN MUSS WASSER DURCHLÄSSIG SEIN/DRÄNWIRKUNG HABEN

FALLSCHUTZFLÄCHE MIT HACKSCHNITZEL

HACKSCHNITZEL FALLEN IN DIE GRUBE ZURÜCK

GRUBENRAND
VERDICHTEN
EV. WASSER GEBUNDENER BODEN/
ASPHALT/PFLASTER

FEIN
GROB

HACKSCHNITZEL 20-40 cm

10-25 cm

DRÄN VLIES

GROBKIES

GEWACHSENER BODEN MUSS WASSER DURCHLÄSSIG SEIN/DRÄNWIRKUNG HABEN

WASSER-MATSCH-SPIELFLÄCHE

MATSCH/SAND FALLEN IN DIE GRUBE ZURÜCK

GRUBENRAND
VERDICHTEN
EV. WASSER GEBUNDENER BODEN/
ASPHALT/PFLASTER

SAND

10-25 cm

40 cm

LOCHSTEINE
DRÄNVLIES

GROB KIES

DRÄN ROHR

Der Aufbau von Spielsand-, Fallschutz- und Wasser-Matsch-Spielflächen ist ähnlich. Der Randbereich sollte verdichtet werden oder sogar als Asphalt- oder Pflastergrube ausgebildet sein. Der Grubenboden sollte gute Dränwirkung haben. Bei Rindenhackschnitzelgruben sollte auf jeden Fall eine Dränkiesfläche unterhalb eines Dränvlieses liegen. Bei Wasser-Matsch-Spielplätzen muß die Entwässerung durch Dränrohre über einen Sandabscheider in die Kanalisation führen. Um ein Beschädigen des Dränvlieses beim Graben und auch beim Sandauswechseln zu verhindern, sollte es mit Loch- oder Rasengittersteinen ausgelegt werden.

Pflanzen

Selbstverständlich gehören auf Spielplätze keine giftigen Pflanzen oder Pflanzen mit giftigen Blüten und Früchten. Aber es sollten dort auch keine pflegeintensiven Zierpflanzen wie Tulpen, Rosen usw. angepflanzt werden, denn zum Spielen gehört es auch, Blumensträuße zu pflücken, und dies würde zur Zerstörung der empfindlichen Zierpflanzen führen.

Dornen, Disteln, Brennesseln sind auch sehr gute Spiel- und Erlebnispflanzen, wenn sie am Rand und nicht auf Liege- und Spielwiesen wachsen. (Sandspielflächen sollen nicht mit Unkrautvernichtungsmitteln behandelt werden, wenn dort Disteln keimen. Denn Unkrautvernichtungsmittel sind gefährlicher als Disteln. Wenn sich Disteln bilden, ist es ein Zeichen dafür, daß die Sandspielfläche nicht gebraucht wird, weil niemand in ihr spielt; sonst könnten Disteln dort nicht keimen.)

Zweckmäßig ist es, stark benutzte Spielflächen nicht anzusäen, sondern zu warten, bis durch Samenflug aus dem Umfeld wilde Pflanzen, sogenanntes Unkraut entsteht. Das ist sehr viel robuster als gezüchteter Nutzrasen, zum anderen durch die Abwechslung viel ästhetischer. Außerdem können Kinder diese Pflanzen entdecken und pflücken, ohne daß es nach Zerstörung aussieht.

Spiel- und Liegewiesen sollten nicht so oft wie Ballspielwiesen gemäht werden, damit sich Wiesenblumen bilden können und Wiesen wieder entdeckungswerte Natur werden.

Bäume, in Spielgeräte mit einbezogen, müssen frei schwingen können.

Das Wurzelbett sollte möglichst wenig durch Fundamente verletzt werden. Durch ausgesteifte Rahmenkonstruktionen, die ohne Fundamente auf die Erde gesetzt werden, braucht das Wurzelreich erst gar nicht aufgewühlt zu werden.

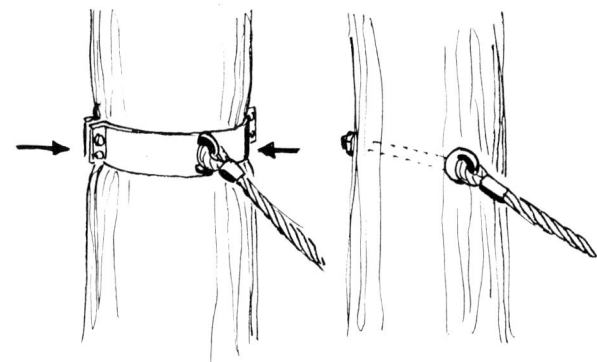

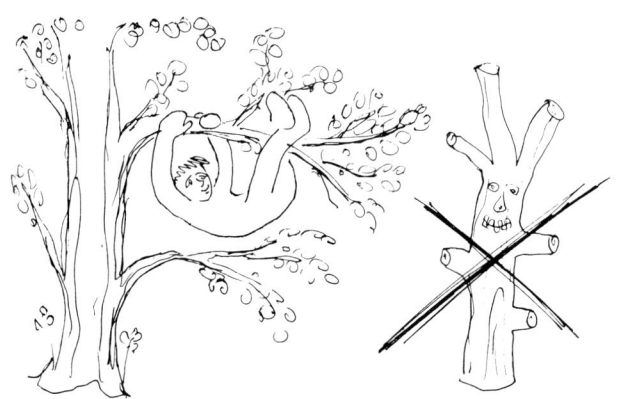

Werden Kletter-, Hangel- oder Balancierseile an Bäumen befestigt, dann sind durchgehende Schrauben für die Bäume weniger gefährlich als eng anliegende Manschetten, die den Baum abschnüren können. Seilbahnseile dürfen nicht an lebenden Bäumen befestigt werden, weil sie zu schwingenden Bewegungen führen, die die Verwurzelung zerstören können.

Bäume auf Spielplätzen müssen auch Kletterbäume sein. Sie müssen es aushalten, wenn Kinder sich an die Zweige hängen oder hochklettern wollen. Abgestorbene oder gefällte Bäume, auch lustig beschnitzt, sind keine Kletterbäume, keine naturnahen Spielgeräte, sondern Kadaver.

Robuste, halbwild wuchernde Himbeeren, Brombeeren, Stachelbeeren, Johannisbeeren usw. sind auf Spielplätzen sehr gut geeignet.

Alle Büsche auf Spielplätzen müssen schnell wuchernde Pflanzen sein, die es vertragen, daß man etwas abreißt, abschneidet und rausreißt. Denn auch das gehört zum Naturerlebnis und zum Erfahrungsschatz, den man braucht, um erwachsen zu werden.

Wege auf Spielplätzen

Wege auf Spielplätzen sind Spielflächen, Spielgegenstand und Spielzeug. Sie sind mehr als nur Verbindungs- und Erschließungsstrecken.

Wege dürfen niemals am Zeichenbrett geplant und festgelegt werden, sondern sollen durch Abschreiten, Beobachten und Erleben vor Ort festgelegt und nachträglich in die Zeichnung eingeplant werden.

Durch Benutzung sich bildende Wege kann man an den Fußspuren erkennen. Gebildete Wege kann man nicht ändern, durch Zäune niemals verhindern, denn der Zaun wird schnell wieder zerstört. Besser man legalisiert den gebildeten, illegalen Weg durch Baumaßnahmen und löst den nicht benutzten auf.

Mit Wegen kann man Spielgeräte und Spielecken verbinden.

Spielgerätespezifische Wege werden nur unterbewußt im Spiel begriffen. Deshalb sollten sie besonders gut gepflegt und sicher sein.

Mit Wegen kann man Spielflächen, aber auch Spielgeräte trennen.

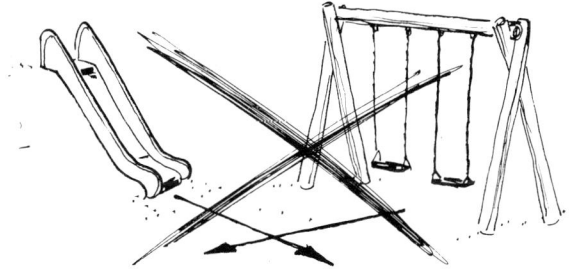

Spielgerätespezifische Wege dürfen sich nicht kreuzen.

Mit Wegen kann man Flächen und Plätze gliedern, Ecken erschließen und Flächen abtrennen. Man kann Spielplätze zu Miniaturlandschaften machen, man kann mit Wegen gestalten.

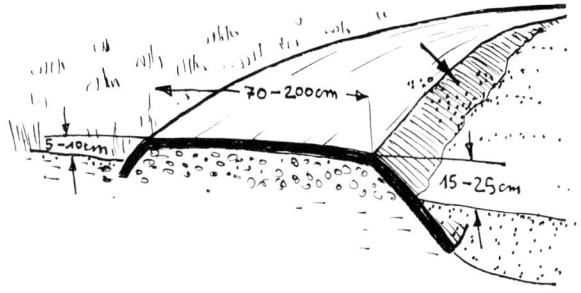

Gute, pflegeleichte Wege sind Pflaster- oder Asphaltflächen, etwas erhöht und ohne Rand, seitlich schräg in den Boden laufend. Dadurch sind sie leicht zu reinigen, nach Regen schnell trocken und können als problemlose Trennung von unterschiedlichen Bodenflächen dienen.

Schleich- und Kriechwege durch Büsche, Hecken und Brennesselflächen sind natürliche Spielräume.

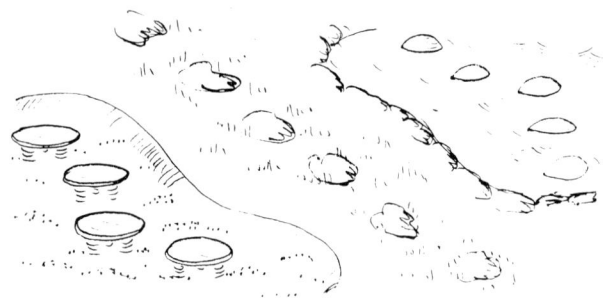

Hüpfsteine im Wasser und in der Wiese, aber auch Hüpfplatten in Sandflächen sind Spielwege und Spielzeug.

Klettersteine, Treppen, Leitern, Kletternetze und auch Rutschen sind Spielwege, also Spielgeräte, die zu etwas hin- oder von etwas wegführen. Es sind Wege mit hohem Spielwert.

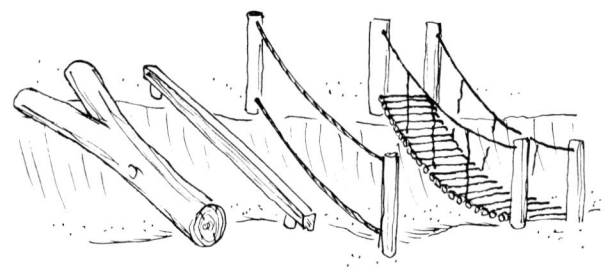

Balancierbalken, Baumstämme, Balancierseile, Hängebrücken, Kettenstege sind überbrückende Wege. Sie sind Spielwege! Als Hauptwege oder einzige Erschließung einer Fläche sind sie nicht von allen Benutzern problemlos zu begehen. Deshalb sollten sie nur parallel laufen oder als Abkürzung zu einem normalen Weg dienen.

Rad- und Fahrwege

Die vielen Fahrrad- und Mopedunfälle machen Übungs-
und Spielflächen für Fahrräder und Mopedfahrer notwendig. Je nach Lage kann ein einfacher Hügel oder ein
Stück Brachland als tolle Geländebahn, auch wenn sie
etwas außerhalb liegt, von vielen Kindern angenommen
und benutzt werden.

So eine Geländebahn kostet nicht viel und kann außerdem Jugendliche anziehen, die sonst auf normalen Spielplätzen als Belastung empfunden werden.

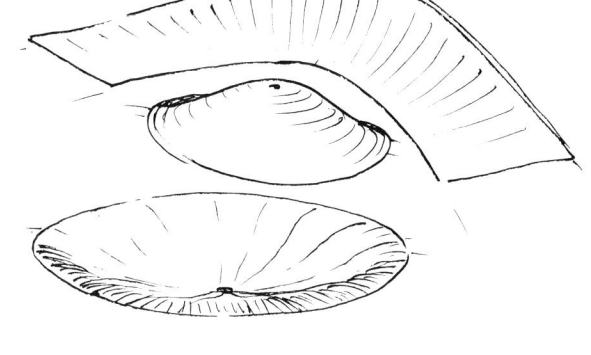

Für Skateboard- und Rollschuhfahrer sind Asphaltkuhlen,
Hügel und Steilkurven als Zusatz in glatten Asphaltflächen
effektvoller Spielgrund.

Spielplatzplaner lassen oft große Asphaltflächen mit
Straßen, Wegen, figürlichen Darstellungen und Hüpfkästen von "Profis" bemalen. Das schränkt aber die
Selbstgestaltungsmöglichkeiten der Kinder ein. Besser ist
es, wenn solche Malereien leicht abwischbar nur angedeu-
tet werden und Kreide (oder notfalls Ziegelsteinstücke)
bereitgehalten wird, damit die Kinder animiert werden,
selber zu gestalten.

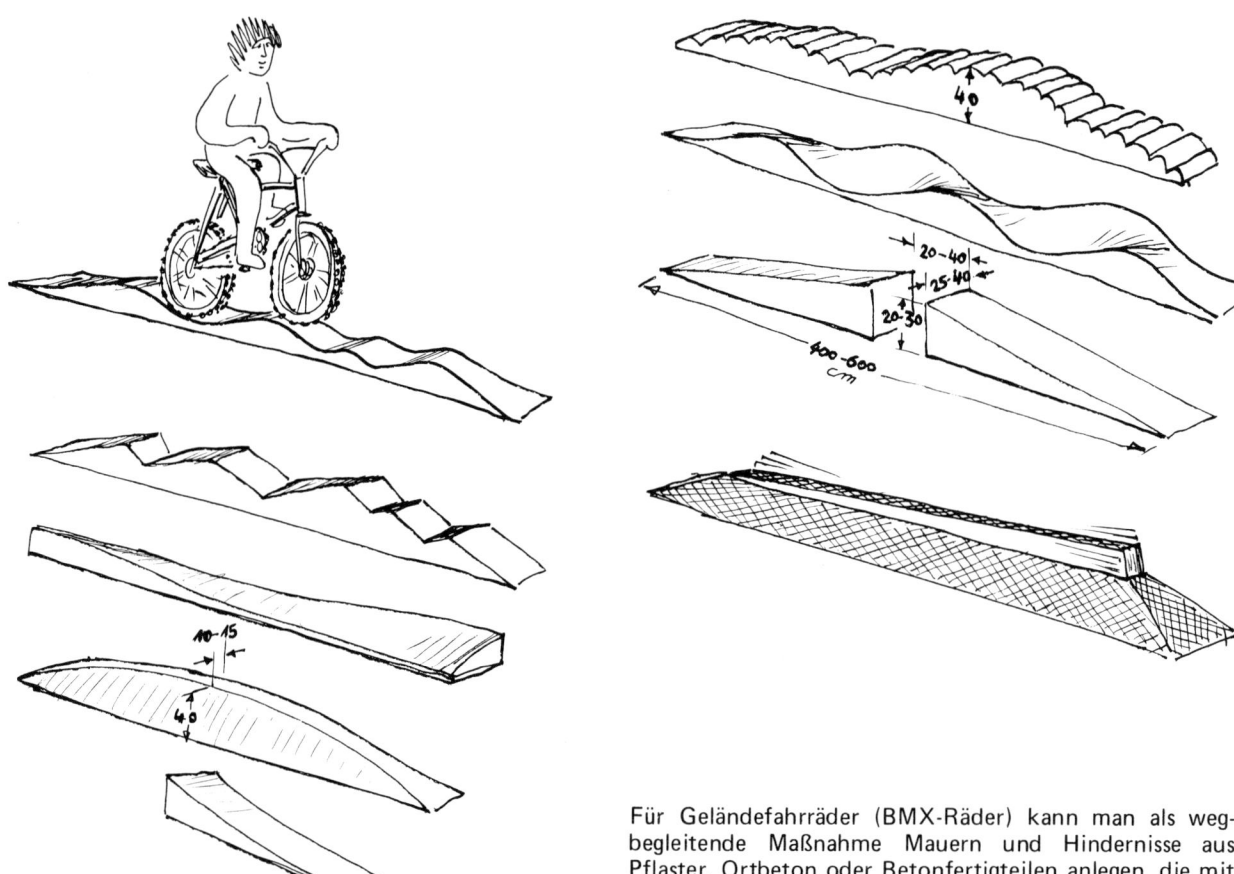

Für Geländefahrräder (BMX-Räder) kann man als weg-
begleitende Maßnahme Mauern und Hindernisse aus
Pflaster, Ortbeton oder Betonfertigteilen anlegen, die mit
Spaß und Geschicklichkeit befahren werden können.

Spielgeräteauswahl

Welche Spielgeräte soll man einplanen?
Welche sind notwendig?

Um das zu beantworten, muß man wissen:
— Welche Kinder und wieviele kommen?
— Welche Bedürfnisse haben sie, oder welche Bedürfnisse können sie in ihrer Umgebung anders nicht befriedigen?
— Welche Möglichkeiten bietet der vorhandene Platz?
— Welche Wünsche und Ansprüche stellen die Anlieger des Spielplatzes?
— Welche finanziellen Möglichkeiten sind vorhanden?

Kinder durch Befragungen oder Malwettbewerbe an der Planung zu beteiligen, ist nicht sinnvoll. Sie beantworten und wünschen nur das, was sie zufällig kennen, und das sollte nicht der Maßstab sein.

Um zu Antworten zu kommen, ist es immer sinnvoll, in einer Bürgerversammlung allen interessierten Anliegern Mitsprachemöglichkeit zu geben. Dabei werden nur Informationen gesammelt. Entscheidungen, die allen Bedürfnissen gerecht werden, praxisnah sind und allen als annehmbarer Kompromiß erscheinen, werden auf diesen Veranstaltungen fast nie ausgehandelt.

Kataloge von Spielgeräteherstellern können nur als Vorinformation und zur etwaigen Preisfestlegung dienen. Papier ist geduldig, und es gibt nicht viele Hersteller, die auch das liefern, was sie in Qualität, Ausführung, Material und Haltbarkeit versprechen.

Besser, man läßt sich von den Geräteherstellern, die in die engere Wahl kommen, Referenzspielplätze in der Umgebung nennen, die möglichst zwei bis drei Jahre alt sind, um Qualität, Haltbarkeit und Spielanreize mit eigenen Augen beurteilen zu können.

Bei allen Spielgeräten, auch bei Kleinkindergeräten, muß man bedenken, daß sie von Erwachsenen benutzt werden. Verbotsschilder helfen nichts, denn auch die Mutter vom Ortsbürgermeister wird sich mit der Enkeltochter auf die Schaukel setzen.

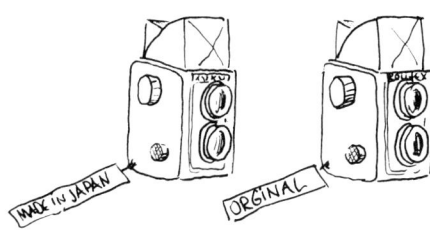

Ausschreibungen, nach denen nur der preiswerteste Bieter den Auftrag bekommt, sind bei Spielgeräten nicht sinnvoll, da Spielgeräte Entwicklungen mit Urheberrechten sind und dadurch nur Plagiate — Geräte, bei denen die Entwicklungskosten gespart wurden — billiger sein können. Wer plagiiert betrügt, und wer hier betrügt, dem ist auch bei Qualität und Preis nicht zu trauen.

Aber auch bei urheberrechtsfreien Spielgeräten wird man nur selten Schaukel gleich Schaukel setzen können. Wenn man nach fünf Jahren das billige Spielgerät wegreißen muß, weil es zusammenfällt, merkt man, daß es das teuerste war.
Deshalb Spielgeräte vorher ansehen und nicht nach dem Foto auswählen!

Wenn Bürgerinitiativen, Vereine, Feuerwehr oder der Bauhof der Gemeinde Spielgeräte selber bauen, so muß grundsätzlich die DIN 7926 eingehalten werden. Nur im privaten Bereich kann man sich über die DIN hinwegsetzen.

Die Anforderungen, denen Spielgeräte hinsichtlich Haltbarkeit und Widerstandsfähigkeit gerecht werden müssen, sind nicht mit normalen Zimmermanns- oder Schreinertechniken zu lösen. Deshalb ist eine gewisse Erfahrung nötig, wenn selbstgebaute Spielgeräte länger als einen Sommer halten sollen.

Besser man kauft erprobte, serienmäßig hergestellte Spielgeräte und hilft bei Bodenarbeiten und Anpflanzungen, beim Bau der Fundamente und beim Aufstellen der Geräte.

Um bei einer Ausschreibung, wenn sie zwingend vorgeschrieben ist, auch das Spielgerät zu bekommen, für das man sich in der Planung entschieden hat, sollte man als Kriterium der Beschreibung die TÜV-Prüf Nr. angeben und die Prüfbescheinigung bei der Vergabe verlangen, weil diese von Plagiatoren nicht gefälscht werden kann.

Spielgeräte für öffentliche Spielplätze müssen nach DIN 7926 gebaut sein. Sinnvoll ist es, von einer Prüfstelle wie TÜV, DEKRA oder ähnlichen, geprüfte Spielgeräte einzusetzen. Das GS-Schild ist keine Garantie dafür, daß das komplette Spielgerät geprüft wurde; es können auch nur Einzelteile geprüft sein. Zuverlässig ist nur die Prüfnummer und der Prüfbericht!

Bei Sonderanfertigung von speziellen Spielgeräten oder Entwürfen von Architekten oder Vereinen ist zu bedenken, daß grundsätzlich alle Einzelanfertigungen nicht frei von Kinderkrankheiten sind und fast immer Nachrüstungen notwendig werden. Es sollte deshalb von vornherein ein Etat zur Nachrüstung miteingeplant und ein Hersteller gesucht werden, der auch noch nach Jahren zur Umrüstung bereit ist.

Spielgerätematerial und Farbe

Es gibt kein spielgerätetypisches Material für gute Spielgeräte. Metall, Kunststoff, Beton und Holz sind, wenn sie funktionsgerecht und materialspezifisch eingesetzt werden, nicht beliebig durch ein anderes Material zu ersetzen. Jedes Material hat Vor- und Nachteile, und es muß jeweils ein Kompromiß zwischen den einzelnen Bedürfnissen, Ansprüchen und Möglichkeiten gefunden werden.

Natürlich kann das eine Material dem anderen aus persönlichen Gründen vorgezogen werden. Dies ist aber eine subjektive Entscheidung, die nicht mit technischen, funktionalen oder ästhetischen Argumenten als allgemeingültig bezeichnet werden kann.

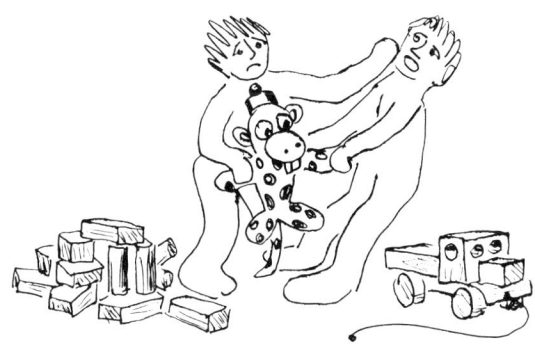

Wer sich mit Kindern, Kinderspielen und Kinderspielzeug beschäftigt, wird immer wieder überrascht, wie weit die Vorstellungen von Erwachsenen über gutes Spielzeug und dem, was Kinder lieben, auseinanderliegen. Dinge, die Erwachsene als kitschig, grell, geschmacklos, aber auch als unscheinbar, fantasielos und langweilig ansehen, werden von Kindern je nach Stimmung geliebt, benutzt und unter Opfern eingetauscht.

Vergessen wir nicht, wie modeanfällig die Gestaltungsvorstellungen der Erwachsenen sind. Was gestern Kitsch war, ist heute Kunst, ist morgen Kitsch.

Kinder kennen den Begriff Nostalgie nicht. Spielgeräte müssen auf die Zeit, die Umwelt und die Einflußsphäre des Kindes bezogen sein. Kinder können nicht mit etwas spielen, was sie nicht kennen, nicht bewerten, nicht einordnen können. Kinder können sich nicht an die Jugend ihrer Großeltern erinnern, deshalb verbinden sie keine Sehnsucht zu alten Dingen.

Wenn allerdings Ritter- und Indianer-Comics, Bücher, Filme und Fernsehgeschichten diese Zeiten oder diese Gegenstände in die Begriffswelt der Kinder tragen, wollen und können Kinder damit spielen.

Farbe ist für Erwachsene eine Modesache, unsere Farbwünsche und Farbvorstellungen ändern sich oft sehr schnell mit der Umgebung, Zeit und Stimmung. Die sogenannte Farbpsychologie, die den Farben allgemeingültige Aussagekraft über Stimmungen und Seelenzustände zuschreibt, ist wissenschaftlich ähnlich sicher wie die Astrologie. Denn rot ist nicht gleich rot. Farben werden unterschiedlich empfunden und von Zeitalter zu Zeitalter, von Kontinent zu Kontinent, von Volk zu Volk verschieden gewertet. Sogar Jahreszeit und Bildungsstand verschieben Farbbeurteilungen.

Kinder lieben Farbe am meisten, wenn sie sie selber aussuchen dürfen.

Bunte Farben haben hohen Aufforderungscharakter. Ein für die Kinderbedürfnisse richtiges Spielgerät braucht keinen Aufforderungscharakter, sondern es sollte in seinem Wert vom Kind selbst entdeckt werden.

Sogenannte "lustige" Geräte sind meist für Kinder gar nicht lustig. Spielwert erzeugt Lust, und Lustigkeit kann man nicht aufmalen.

Angemalte und sogenannte "kindlich gestaltete" Spielgeräte stoßen Kinder nach der ersten Neugierphase eher ab.

Tiere, Häuser, Fahrzeuge aus Stahlrohrskeletten sind für Kinder nur Stahlrohrskelette und damit abstoßende Gebilde.

Baumstämme können in der Fantasie der Kinder zu Fahrzeugen und Tieren werden, aber wenn die Erwachsenen diese Baumstämme als Fahrzeuge und Tiere vorfertigen, hat die kindliche Fantasie keine Entscheidungs- und Selbstbestimmungsmöglichkeit. Es ist eine Vergewaltigung, die das Spielzeuggetto nur noch schlimmer macht.

Lokomotiven, Dampfwalzen, Flugzeuge und Schiffe, die ausgedient auf Spielplätzen stehen, haben eine große dekorative Wirkung. Sie machen neugierig und locken Kinder an. Der wirkliche Spielwert ist aber meist sehr gering, denn diese Geräte müssen wegen Unfallgefahr zusätzlich mit Absturzsicherungen versehen und alle beweglichen Teile wegen der Klemmgefahr entfernt werden. Daher sind sie meist langweiliger als sie aussehen.

Spielgeräte aus Autoreifen

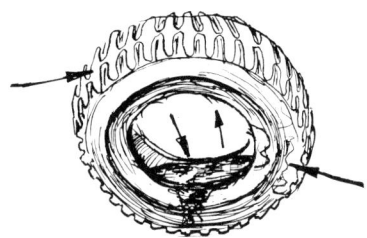

Autoreifen sind hart, obwohl sie aus Gummi sind, haben starkes Profil, das verschmutzt und an dem man sich klemmen und hängenbleiben kann. Durch den Radiereffekt werden Kleidung und Hände schwarz. Hervorstehende Drähte der Barkasse verursachen Verletzungen, durch Rost und Dreck können sie zu Eiterung und Blutvergiftung führen. Der Reifeninnenraum füllt sich auch bei Entwässerungsbohrungen mit Regenwasser und Schmutz und wird dadurch nach kurzer Zeit zur stinkenden Kloake.

Reifen sind als Spielgeräte nicht geeignet. Recycling bedeutet: den Rohstoff eines verbrauchten Gegenstandes wiederbenutzen. Den Gegenstand aber einer anderen Nutzung zuzuführen, ist kein Recycling, sondern eine Verlängerung der Nutzungsdauer. Reifen auf Spielplätzen zu deponieren, ist aber keine sinnvolle Nutzungsverlängerung, sondern der Anfang einer dezentralen Müllkippe. Da Kinder aber gerne auf Müllkippen spielen, wurden diese Beobachtungen als Bestätigung dafür angesehen, daß Autoreifen Spielwert hätten.

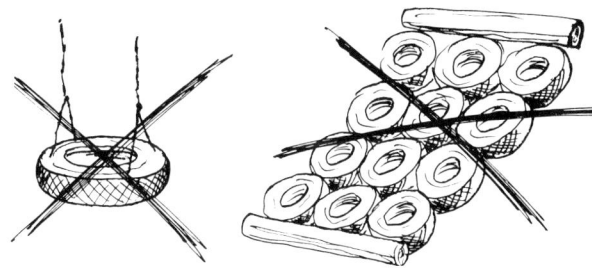

Autoreifen als Schaukelsitze verführen dazu, die Beine in die Mittelöffnung zu hängen. Da der Benutzer sich bei Gefahr aber nicht spontan von diesem Zwangssitz befreien kann, sind diese Sitze gefährlich. Aneinandergeschraubte Autoreifen als Kletternetze, Gerüste oder Brücken bilden, abgesehen von allen vorhergenannten Gefahren, auch noch Winkel, die wegen ihrer Unfallträchtigkeit ausdrücklich in der DIN 7926 verboten sind.

Gefahren und Sicherheit auf Spielplätzen

Sichere Spielplätze sind gefährlich! Das klingt paradox, aber ein Kind braucht die Gefahr, um vorsichtig zu sein, um zu lernen, mit der Gefahr umzugehen, und um Gefahren zu erkennen und abschätzen zu können. Gefahr und Überwindung der Gefahr sind Abenteuer, die Spielwert haben.

Sichere Spielgeräte und -plätze langweilen und reizen, sie gefährlich zu benutzen (siehe auch Abschnitt "Unfälle auf Spielplätzen" Seite 92).

Natürlich müssen die Gefahren für Kinder erkennbar und kalkulierbar sein. Kinder müssen mit ihren Möglichkeiten der Gefahr ausweichen, sie mildern können. Gefahren dürfen nicht wie Mausefallen plötzlich ohne Vorwarnung zuschlagen. Um diese Mausefallen zu verhindern, wurde die DIN 7926 geschaffen. Sie hat Gesetzeskraft! Nach ihr müssen Spielgeräte auf öffentlichen Spielplätzen gebaut sein! (Siehe auch: Agde/Nagel/Richter "Sicherheit auf Kinderspielplätzen" aus dem gleichen Verlag.)

Öffnungen

Schmale Öffnungen, in die Kinder ihre Finger bewußt oder versehentlich gerade noch hineinstecken, aber in denen sie beim Abrutschen hängenbleiben können, sind eine unkalkulierbare Gefahr. Öffnungen zwischen 8 bis 25 mm im Finger- und Handbereich sind verboten, Öffnungen von 0 bis 8 mm und über 25 mm sind erlaubt.

Öffnungen, durch die der Kopf zwar mit Mühe gesteckt, aber nicht leicht wieder herausgezogen werden kann, sind eine unkalkulierbare Gefahr. Senkrechte Öffnungen zwischen 120 bis 200 mm sind verboten. Waagerechte Öffnungen von 80 bis 220 mm bei Umzäunungen von Plattformen sind gefährlich. Auch wenn sie nicht ausdrücklich verboten sind, sollten sie verhindert werden.

Öffnungen über 40 mm im Trittbelag sind unzulässig. Da Kinder aber auch im Fußbereich krabbeln, sind Öffnungen von 8 bis 25 mm (das kritische Maß für Finger) zu vermeiden.

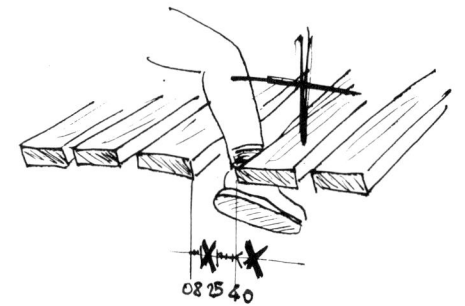

Winkel

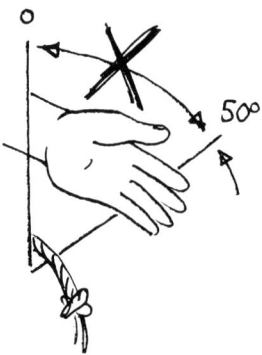

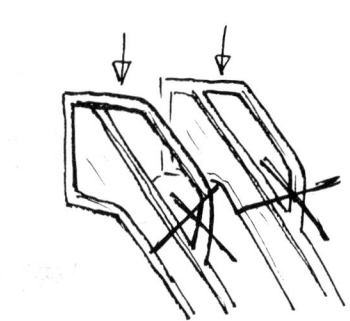

Winkel von 0 bis 50°, in denen Kinder oder Kleidungs-stücke hängenbleiben können, sind eine unkalkulierbare Gefahr und deshalb zu vermeiden.

Winkel in Rutsch- und Fallrichtung sind unzulässig, in der Gegenrichtung aber keine Gefahr und deshalb zulässig.

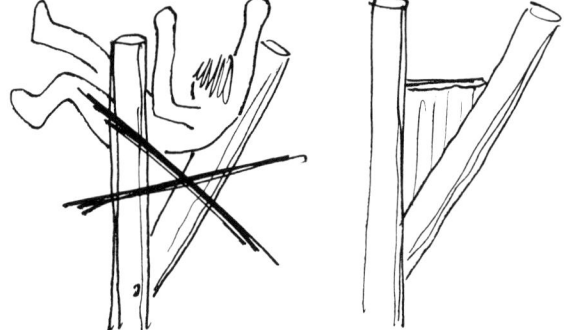

Winkel, in die gefallen werden kann, sind ebenfalls zu ver-hindern oder wenigstens zu entschärfen.

Winkel, die durch Verbindungen entstehen, sind zu ver-meiden oder zu entschärfen.

Winkel außerhalb des Spiel- und Bewegungsbereiches sind keine Gefahr und deshalb zulässig.

Haltbarkeit

Spielgeräte müssen stabil und sicher sein. Sie müssen der DIN 7926 entsprechen, und zwar nicht nur am Tag der Lieferung, sondern über die gesamte Lebensdauer der Spielgeräte.

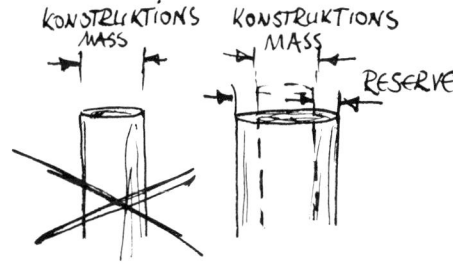

Die Bauteile aus Holz sollten Überstärke haben, damit, wenn nach Jahren Witterungsschäden die Festigkeit schwächen, noch ausreichend Reserven vorhanden sind.

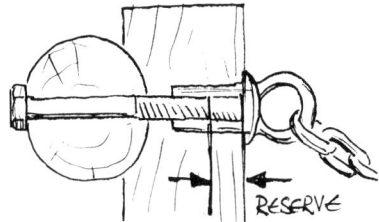

Verbindungen sollten Nachstellreserven haben, damit die Geräte immer wieder nachgestellt und festgeschraubt werden können.

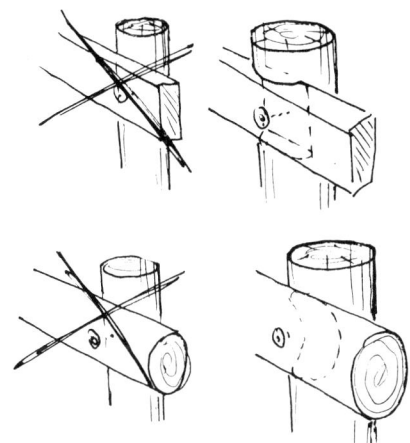

Die Konstruktionsteile sollten durch Formschluß oder Dübel kraftschlüssig verbunden sein, um jahrelange Festigkeit zu gewährleisten.

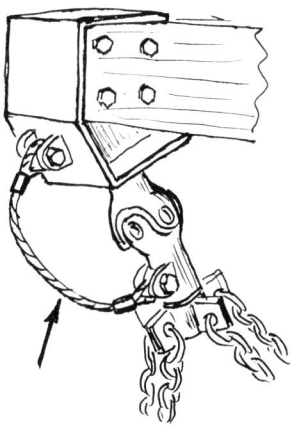

Alle Spielgeräte, die bei Bruch eines einzelnen Teiles zusammenstürzen oder bei denen der Bruch eines einzelnen Teiles gleichzeitig zu einem großen Risiko für viele Benutzer wird, sollten durch zusätzliche Konstruktionsmaßnahmen gesichert sein.

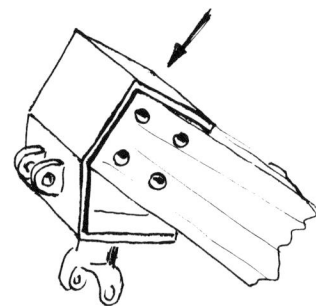

Hauptkonstruktionsteile, von denen ein großes Risiko ausgeht, sollten so konstruiert sein, daß sie Nothaftungseigenschaften haben.

Nicht nur Verschleißteile, sondern alle Teile von Spielgeräten sollten schnell, problemlos und preiswert ausgewechselt werden können. Der Hersteller sollte auch noch nach Jahren Ersatzteile liefern können.

Trotz aller Normen sollte man nicht aus den Augen verlieren, daß die größte Sicherheit ein interessantes Spielgerät ist, mit hohem Spielwert für die richtige Benutzergruppe und richtig eingeplant. Gefahren gehen meist von Planungsfehlern aus.

Ein Klettergerät, mit dem man nur klettern kann? Was soll man damit tun, wenn mann es beklettert hat, außer sich gegenseitig runterschubsen?

Fallhöhen und Abstände

Die DIN 7926 schreibt Absturzsicherungen und aufprall-dämpfenden Untergrund für bestimmte Spielgerätehöhen vor.

Bis 1 m Absturzhöhe wird keine Absturzsicherung und kein aufpralldämpfender Untergrund gefordert. Von 1,0 bis 2,0 m Absturzhöhe ist ein Handlauf und der Untergrund mit der mindestaufpralldämpfenden Eigenschaft von Rasen vorgeschrieben. Liegt die Absturzhöhe zwischen 1,0 bis 2,0 m und ist mit einem Geländer von 0,85 m Höhe gesichert, so darf der Untergrund auch nur die Qualität voberboden oder Tennenflächen haben.

Bei einer Absturzhöhe von 2,0 bis 3,0 m ist ein Geländer und ein Untergrund mit der fallschutzdämpfenden Eigenschaft von Feinkies, Rindenhackschnitzel oder Sand vorgeschrieben. Standflächen mit einer Absturzhöhe von über 3,0 m sind nicht zulässig.

Klettergeräte dürfen eine Freiabsturzhöhe von 4,0 m erreichen.

Die DIN 7926 schreibt Sicherheitsabstände am Rutschenende, an Karussells, seitlich von Seilbahnen und in Schau-
kelrichtung bei ausgeschwungener Schaukel von mindestens 2,0 m vor. Von nicht beweglichen Teilen wie Plattformen, Türmen und Häusern ist ein Mindestabstand nicht
festgelegt, sollte aber möglichst nicht unter 1,5 m be-
tragen.

Bei vielen Bewegungsgeräten sollte zum Mindestsicherheitsabstand noch zusätzlich ein Schwungauslaufabstand
gerechnet werden.

Der Sicherheitsabstand ist nicht der Spielfreiraum. Zum
Spielen muß zusätzlicher Freiraum möglichst um das
ganze Gerät, mindestens aber nach zwei Seiten vorhanden
sein.

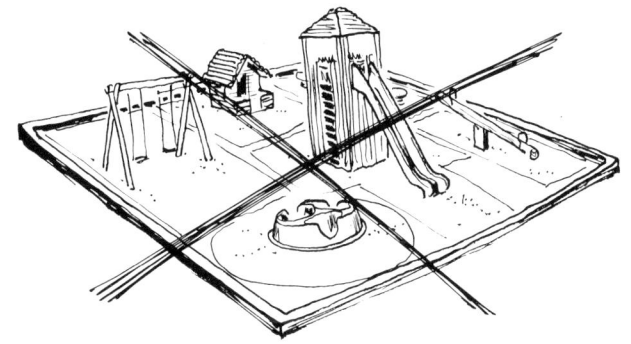

Spielplätze, vollgestopft mit Geräten bis zum Sicherheitsabstand, sind nicht bespielbar. Zum Spielen braucht man
Freiraum. In diesem Beispiel hätten weniger Spielgeräte
mehr Spielwert.

Fundamente

Einbetonierte Holz- oder Metallteile dürfen nicht in wasserhaltenden Sacklöchern stehen. Betonfundamente müssen nach unten offen sein. Die Holz- und Metallteile müssen trocknen können, um ein zu schnelles Durchrosten oder Wegfaulen zu verhindern.

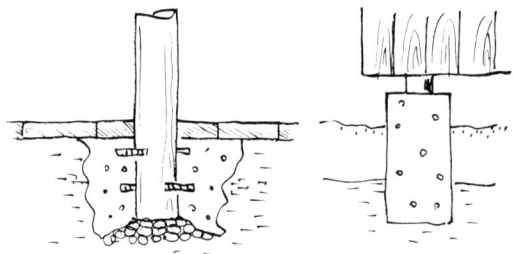

Fundamente, die durch Spielgeräte, Fallschutzplatten, Asphalt oder Pflaster abgedeckt sind, können beliebig geformt und bis in beliebige Höhen geführt werden.

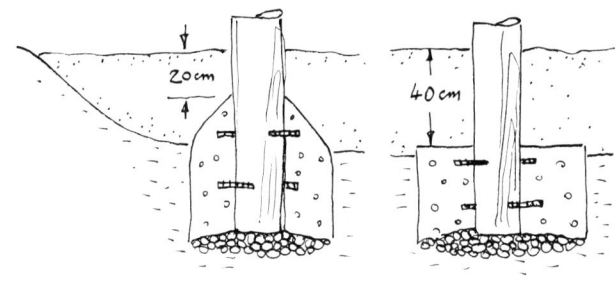

Fundamente in Spielsandgruben oder Rasenflächen sollten kegelartig ausgebildet sein und mit 20 cm Sand bzw. Erdreich abgedeckt werden, willkürlich geformte Fundamente mit 40 cm Sand bzw. Erdreich.

Fundamente von größeren, schwereren oder stark beanspruchten Spielgeräten auf aufgeschütteten Spielhügeln sollten möglichst bis in den gewachsenen Boden reichen.

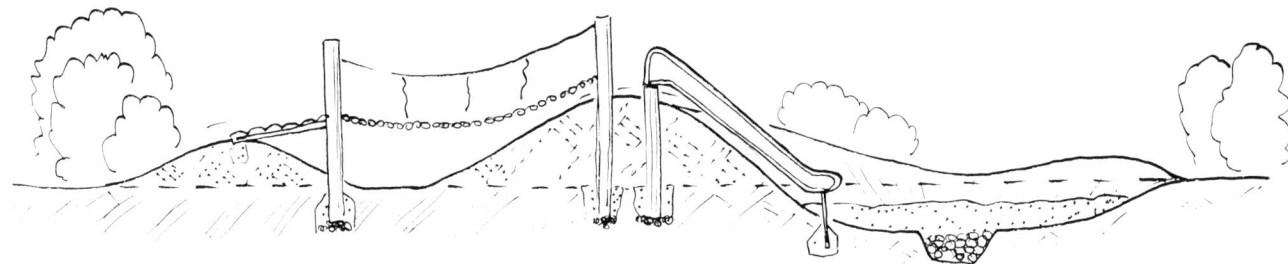

Spielgerätearten, Spielfunktion und Spielwert

Zur Spielfunktion gehören nicht nur konkret sichtbare Spielabläufe, sondern auch sich daraus ergebende soziale Kontakte, Spaß und Freude, Anregung der Fantasie, Aufforderung zum Nachdenken, Neugier, Entdeckungsfreude und Erlebnisbereitschaft. Bietet ein Spielgerät viele, möglichst unterschiedliche Spielabläufe und Spielfunktionen, dann hat es einen größeren Spielwert als ein Gerät mit wenig Spielfunktionen. Aber auch Spieldauer und Häufigkeit der Benutzung eines Spielgerätes sind Zeichen für hohen Spielwert. Spielwert und Anschaffungspreis eines Spielgerätes sollten immer im Zusammenhang gesehen werden. Ein billiges Spielgerät mit geringem Spielwert, das deshalb wenig benutzt wird, ist im Endeffekt teurer als ein teures Spielgerät mit hohem Spielwert, das stärker und häufiger benutzt wird.

Da Spielfunktionen auch ideelle Funktionen eines Spielgerätes sein können, kann auch Schönheit oder Kunst Spielfunktion sein. Schönheit kann aber nicht Selbstzweck eines Spielgerätes sein, sondern nur eine Spielfunktion unter vielen und sollte nicht mit den Maßstäben der Erwachsenen gemessen werden und erst recht nicht nach dem, was diese kindlich finden, gestaltet sein. Plastiken oder ähnliche Kunstwerke haben außer Schönheit selten Spielfunktionen. Deshalb sind dies fast nie gute Spielgeräte. Kunstwerke sollten dort stehen, wo Erwachsene sich daran erfreuen können, aber nicht da, wo sie Kindern nur den Spielraum stehlen.

Von den unendlich vielen Arten der Spielmöglichkeiten haben sich nur ein knappes Dutzend als typische Spielplatzspiele durchgesetzt, für die es spezielle Spielgeräte und Vorrichtungen gibt. Es ist sinnvoll, Spielfunktionen zu kombinieren, um ein Gerät mehrfach aufgrund unterschiedlicher Spielmotivation benutzen zu können, aber auch, um während des Spiels Entscheidungsmöglichkeiten zu haben, wie das Gerät benutzt werden soll.

An Spielgeräten soll das Kind für sich notwendige Spielhandlungen ausführen können, die es mit normalerweise vorhandenen Dingen seiner Umgebung nicht machen kann. Aus diesem Grunde müssen Spielplätze nach Lage, Bedürfnissen und Benutzerzahl unterschiedlich mit Spielgeräten eingerichtet werden. Hauptspielgeräte sind neben Sandkästen und Ballwiesen folgende Gerätegruppen:

Haus- und Behausungsspiele

Die Enge der Wohnungen, das Fehlen von natürlichen Ecken zum Zurückziehen und Verstecken machen kleine Behausungseinrichtungen zu einem der wichtigsten Spielgeräte. Von Erdhöhlen, Kunststoffbehältern, Betonröhren bis zu Holzhäuschen und Holztürmen ist alles möglich, sogar Pappkartons und Zelte erfüllen ihren Zweck. Obwohl diese kleinen Behausungen für ruhiges, zurückgezogenes Spielen besonders bevorzugt werden, können sie mit anderen Spielarten wie Klettern, Rutschen, Schwingen kombiniert werden. Wenn durch Verstellmöglichkeiten die Raumgröße verändert oder sogar abgeschlossen werden kann, so erhöht dies den Spielwert sehr. Interessant ist, daß kleinere Räumlichkeiten größeren vorgezogen werden. Dicht an dicht im Körperkontakt machen Behausungsspiele mehr Spaß. Vier Kinder in einem Kubikmeter Raum sind keine Ausnahme. Es sollten aber verschiedene Behausungsmöglichkeiten für unterschiedliche Altersgruppen auf dem Spielplatz angeboten werden.

Schwingen und Schaukeln

Schwingen als ein Urbedürfnis, als eine Form des Sichberuhigens, des Träumens, aber auch der motorischen Energie und des Aggressionsabbaues, sind auf jedem Spielplatz sinnvoll. Das Schwingseil oder die Schaukel waren schon immer typisch für Spielplätze. Neue Entwicklungen wie die Sechseckschaukel und die großen Einpunktschaukeln können Jugendlichen als Forum zur Selbstdarstellung dienen, ohne daß sie etwas zerstören oder kleine Kinder unterdrücken müssen. Seilbahnen sind Bewegungsgeräte, die Spaß, Abenteuer und Körperertüchtigung bieten und auch auf sehr flachen Spielplätzen eingesetzt werden können.

Schwing- und Schaukelspielgeräte sind Einzelgeräte, die nicht mit anderen Geräten kombiniert werden sollten. Je höher die Schaukel, um so größer der Spielwert. Kleinere Schaukeln sind nicht sicherer, denn sie verführen zur falschen und gefährlichen Benutzung durch größere Kinder, wenn keine großen Schaukeln zur Verfügung stehen.

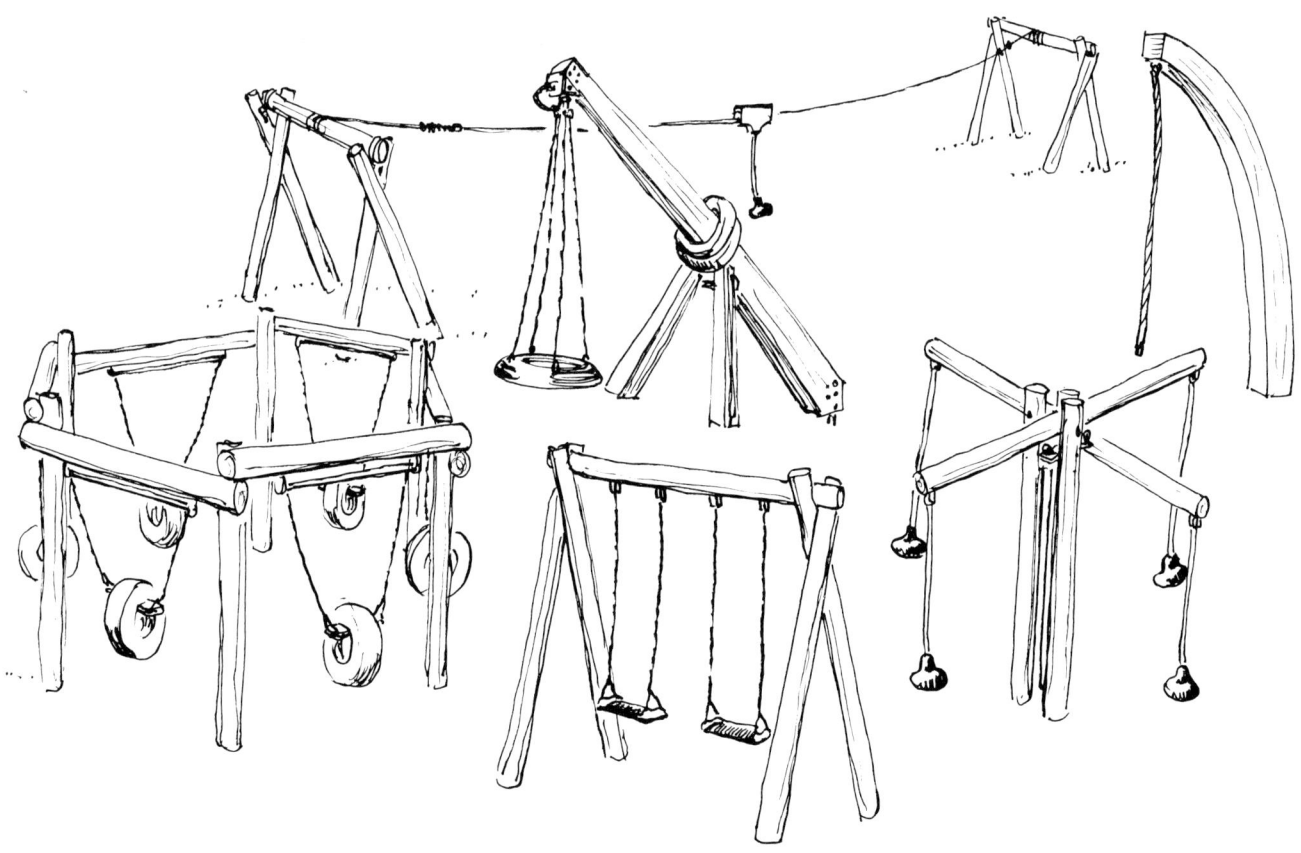

Eine besondere Form der Schwingspielgeräte sind die Raumnetze, die durch einen oder mehrere Masten gehalten und mit ihren Endpunkten im Erdreich verankert als ganzes Gebilde schwingen, federn und wippen. An diesen Spielgeräten wird das Klettern und andere Bewegungen so kombiniert, daß Kleinkinder, Schulkinder, Jugendliche und Erwachsene miteinander gleichzeitig Spielspaß haben können. Es ist ein Gerät, daß in übervölkerten Stadtgebieten, wo Aggressionsstau zu Zerstörungen und Ärger führt, als Ventil dienen kann. Dieses Gerät sollte nicht verwechselt werden mit Netzspielgeräten, die starr in Stahl oder Holzgebilden verspannt sind, denn diese schwingen kaum. Sie sind nur Klettergeräte mit geringerem Spielwert.

Wippen und Hüpfen

Die Balkenwippe ist ein klassisches Spielplatzgerät. Aber das Aufschlagen an den Endpunkten hat sie immer wieder in Verruf gebracht, ein "Rückgratknacker" zu sein. Neue

Wippen mit gedämpften Endanschlägen verhindern dies, wobei auch Autoreifen als Provisorium das harte Aufschlagen mildern können. Wippende Federtiere sind in den letzten Jahren zu einem Muß auf Kleinkinderspielplätzen geworden. Hüpfplatten sind preiswerte Spielgeräte für alle Altersgruppen; sie sind Ersatz für Trampolins, die auf öffentlichen Spielplätzen nicht sicher und haltbar genug aufzustellen sind.

Ebenerdig liegende Metallwippflächen, die ursprünglich für Rollstuhlfahrer entwickelt wurden, können auch von Fahrrad- und Mopedfahrern, aber auch von alten Leuten wegen ihrer geringen Wippneigung benutzt werden. Sie sind speziell für Fußgängerzonen geeignet und dort, wo viele gleichzeitig spielen wollen, z.B. auf Schulhöfen.

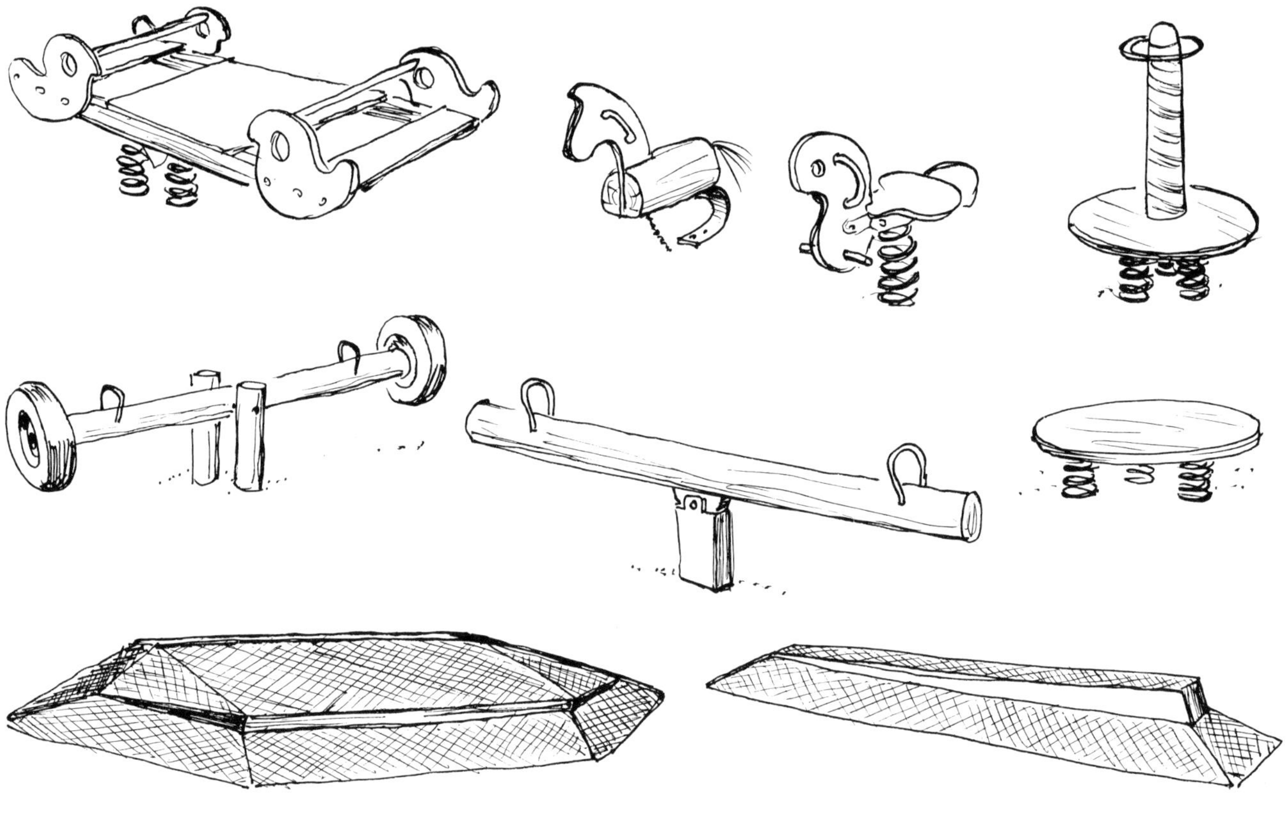

Karussells

Karussells haben sich von sichelartigen, gefährlichen, als "Kotzmühlen" verschrieenen Stahlrohrgestellen mittlerweile zu sehr sicheren Spielgeräten entwickelt. Grundsätzlich sollten auch bei kleinen Karussells nur solche mit mitdrehendem Standboden verwendet werden.

Große schrägstehende Laufscheiben sind ideale Aggressionsabbau-Spielgeräte, mit denen überschüssige Energie in Spaß verwandelt werden kann.

Eine neuentwickelte, nur wenige Zentimeter hohe Karussellscheibe, die auf vorhandenen Asphaltflächen aufgestellt werden kann, ist besonders in Schulhöfen und Fußgängerzonen ein nachträglich einbaubarer Spielanreiz.

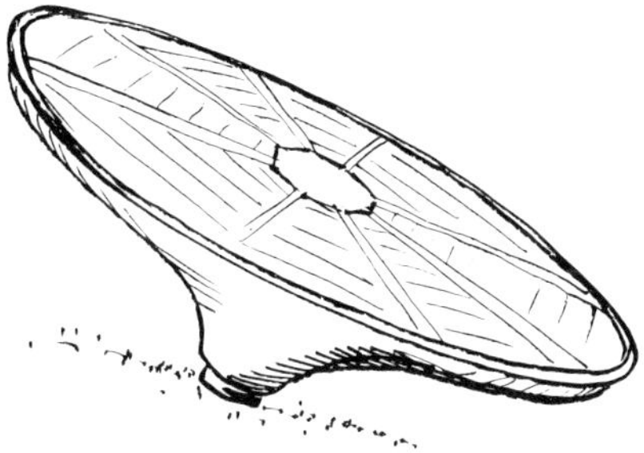

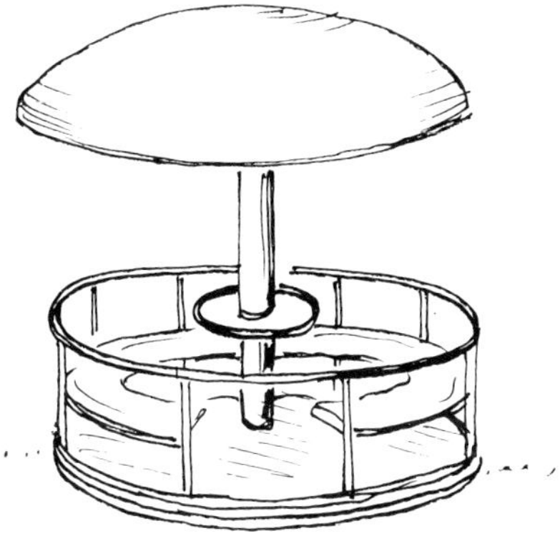

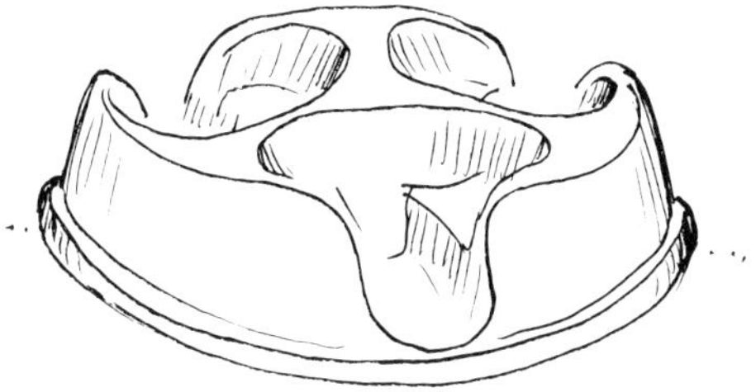

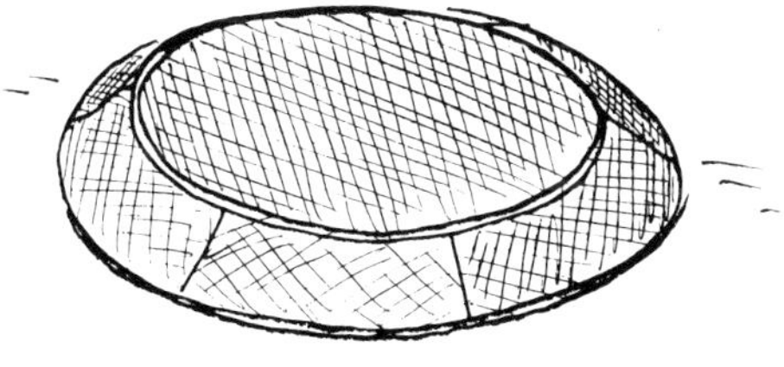

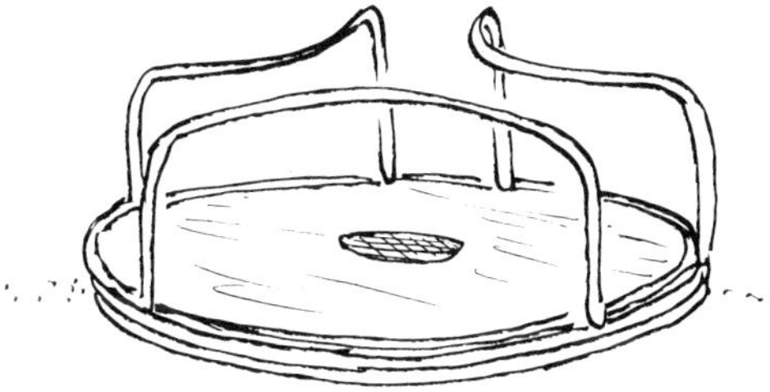

Rutschen

Es gibt viele Arten von Rutschen: im Winter Schnee-Eisbahnen, im Sommer steile Wiesen, Sanddünen und Lehmhänge. Aber auch Treppengeländer bieten Rutschspaß, ohne Spielgerät zu sein. Rutschen ist ein Wegespiel, man kommt von einem Spielort zum anderen. Wenn man wieder rutschen will, muß man wieder zurück an den Ausgangspunkt. Dieses Zurückgehen ist auch Spiel, deshalb sind Rutschen immer Kombinationsspielgeräte, die mit anderen Spielaktivitäten kombiniert sein müssen, auch wenn dies nur ein Kletterhügel ist.

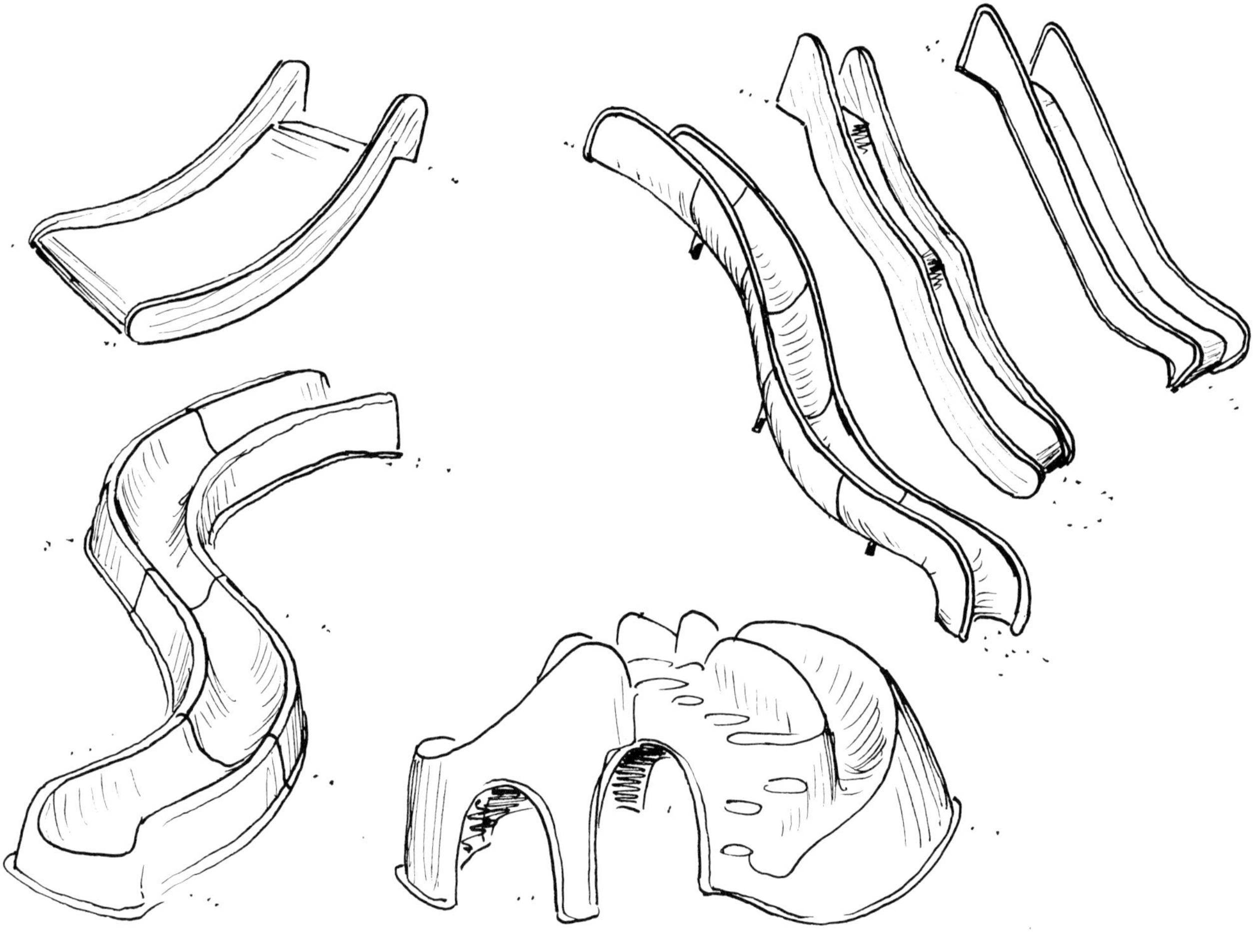

Wegespiele

sind häufig mit anderen Spielen kombiniert. Wegespiele als Einzelspielgeräte haben fast so geringen Spielwert wie die zu dieser Gruppe zählenden Klettergeräte, wenn sie allein stehen. Sie sind langweilig, und aus Langeweile stoßen sich die Kinder gegenseitig herunter.

Klettergeräte als Kombinationsgeräte zwischen Plattformen, Türmen, Hütten und Rutschbahnen sind interessant und haben Spielwert. Auch Balancierbalken, Hangelseile, Hängebrücken, Kletternetze, Hüpfplatten, Rutschbahnen und Gurtstege sind tolle Verbindungsspielgeräte, die als Einzelgeräte oft nicht halb so interessant sind. Nur Hüpfplatten und Hängebrücken werden durch ihre Schwingbewegung auch als Einzelgerät gerne benutzt.

Wegespiele sind Spiele, bei denen man eine Wegstrecke zurücklegt. Sie haben meist ein Ziel als Auslöser und sie

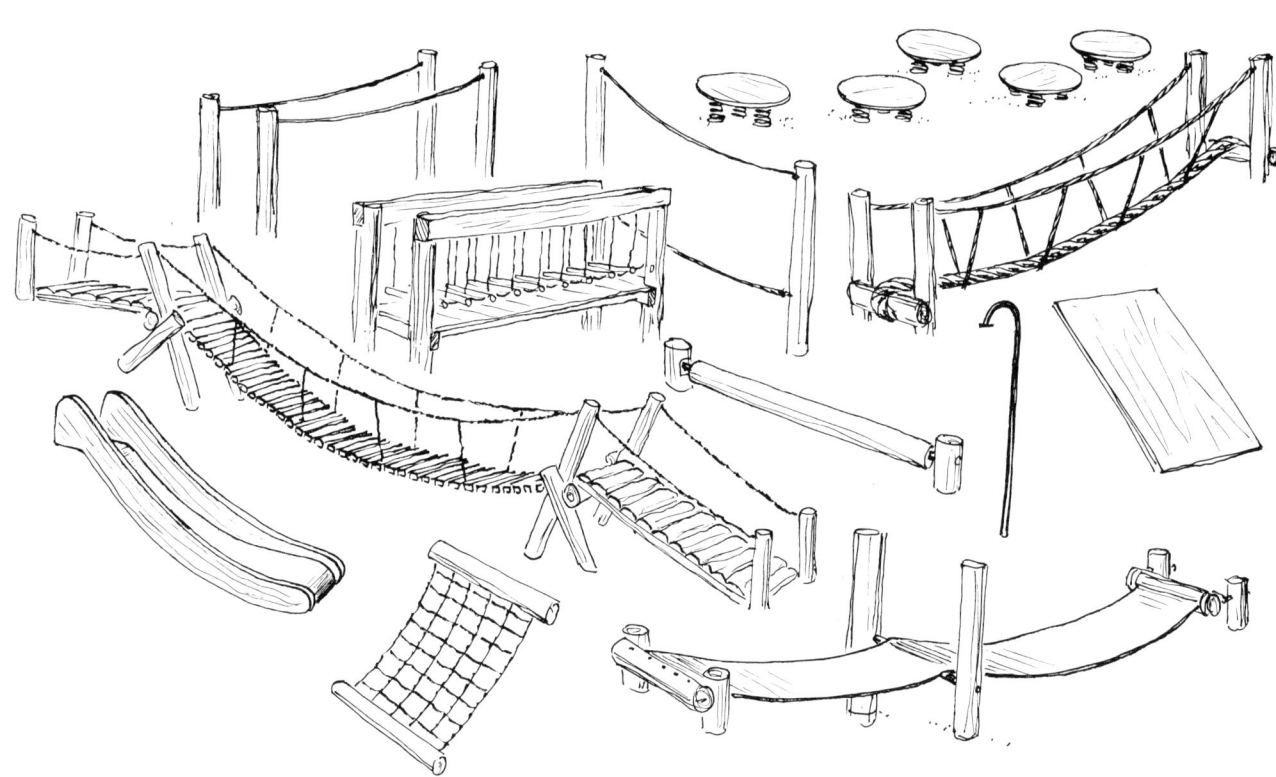

Arbeitsspiele

räder schütten und auf Plattformen aufhäufeln können, geben ruhigen, schwerfälligen Kindern mit Ausdauer Spielerlebnis.

Bagger und Kräne trainieren auch die Bewegungskoordination und können so zu Spielkombinationen mit anderen Spielgeräten verbunden werden, so daß sie zu komplizierten, das Sozialverhalten fördernden Gemeinschaftsspielen anregen.

Nicht jedes Kind ist so geschickt und mutig, daß es auf einer großen Schaukel ein Erfolgserlebnis hat oder so fantasievoll, daß es sich im Sandkasten lange beschäftigen kann. Sogenannte Arbeitsspielgeräte, an denen Kinder Sand hochziehen, transportieren, in Rohre auf Sand-

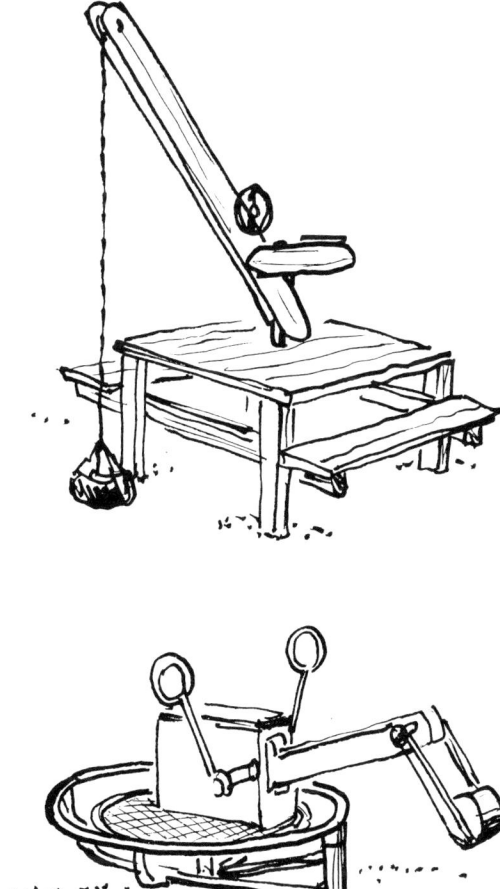

Wasser-Matsch-Spiele

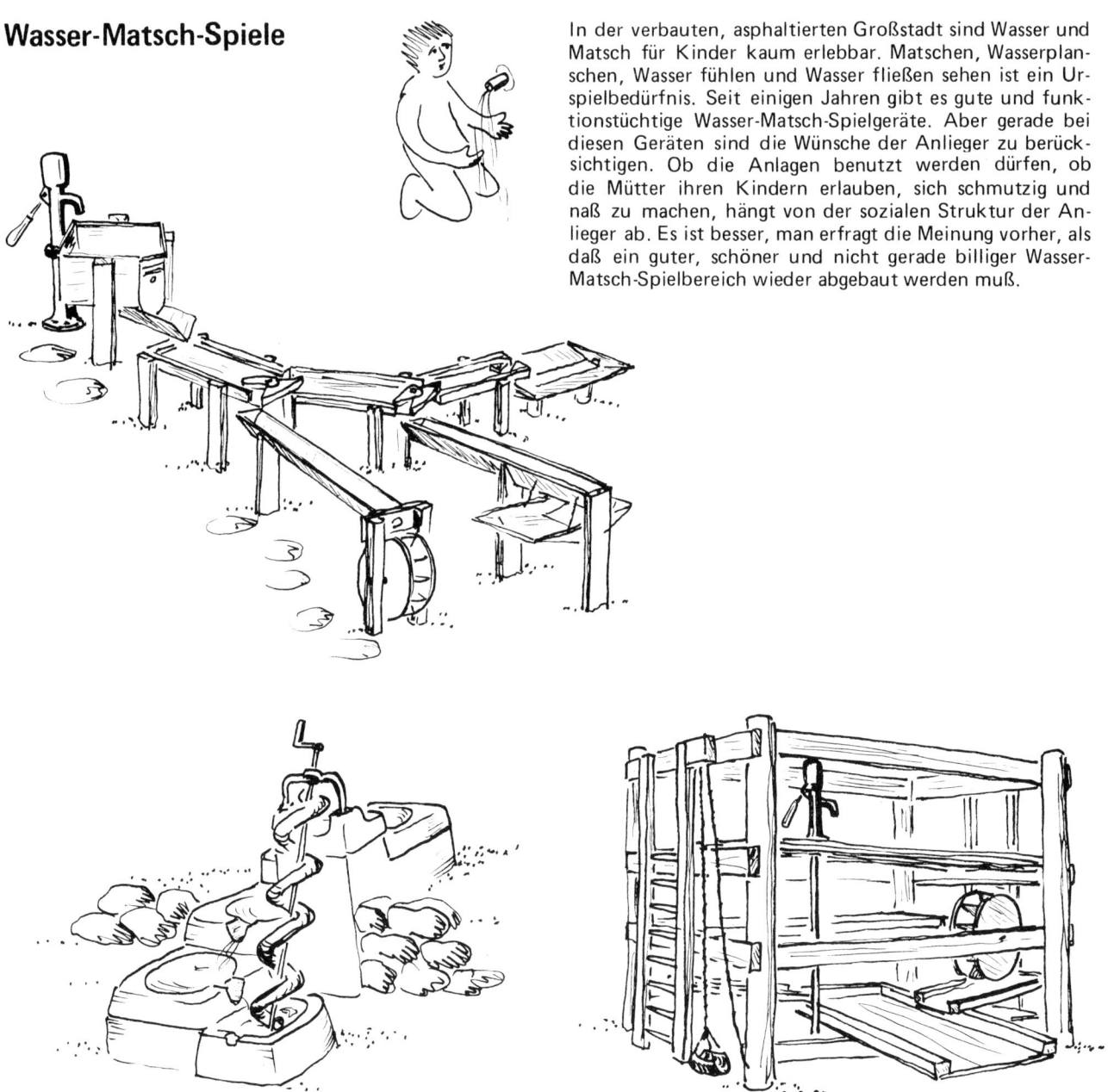

In der verbauten, asphaltierten Großstadt sind Wasser und Matsch für Kinder kaum erlebbar. Matschen, Wasserplanschen, Wasser fühlen und Wasser fließen sehen ist ein Urspielbedürfnis. Seit einigen Jahren gibt es gute und funktionstüchtige Wasser-Matsch-Spielgeräte. Aber gerade bei diesen Geräten sind die Wünsche der Anlieger zu berücksichtigen. Ob die Anlagen benutzt werden dürfen, ob die Mütter ihren Kindern erlauben, sich schmutzig und naß zu machen, hängt von der sozialen Struktur der Anlieger ab. Es ist besser, man erfragt die Meinung vorher, als daß ein guter, schöner und nicht gerade billiger Wasser-Matsch-Spielbereich wieder abgebaut werden muß.

Baukästen

So gut und schön Baukästen als Spielzeug sind, so schwer oder unmöglich ist es, sie auf öffentlichen Spielplätzen zu realisieren, und zwar in erster Linie aus Sicherheitsgründen. Die Bausteine können als Wurfgeschosse dienen, sie können beim Herabfallen Verletzungen nach sich ziehen und werden durch Turmbau-zu-Babel-Gebilde gefährlich hoch. Ein anderes Problem ist, daß die Bausteine weggeschleppt werden können, so daß sie sich auf ein ganzes Stadtviertel verteilen.

Aus diesen Erkenntnissen wurden feste Rahmenkonstruktionen entwickelt, in denen verschiebbare Bauteile in ihrer Lage verändert werden können. Sie bilden damit veränderbare Räume, sind aber keine Baukästen im eigentlichen Sinne, da sie geringere Gestaltungsmöglichkeiten bieten.

Am sinnvollsten bauen Kinder immer noch mit Pappkartons, Holzbrettern, Paletten und Ziegelsteinen, wie sie auf den sogenannten Abenteuerspielplätzen verwendet werden. Dazu ist aber unbedingt eine Anleitung oder pädagogische Betreuung notwendig.

Zuordnung und Kombination von Spielgeräten

Die Zuordnung und Kombination von Spielgeräten ist eine wichtige Entscheidung bei der Planung von Spielplätzen. Man sollte die Auswahl und Zuordnung nach einem vorher erarbeiteten Konzept und nicht willkürlich oder spontan vornehmen. Durch die Auswahl der Geräte entscheidet man nicht nur über Art und Weise des Spiels, sondern auch über Intensität und Lautstärke des Spiels. Auch die Benutzerstruktur kann durch die Geräteauswahl beeinflußt werden. Mit willkürlich zusammengewürfelten Spielgeräten oder nach dem Motto "von jedem etwas ist für jeden etwas" gestaltete Spielplätze sind unfallträchtiger und zerstörungsanfälliger als Spielplätze mit einem gezielten Spielkonzept, abgestimmt auf Lage, Größe und Benutzergruppen des Platzes.

Wenn man Kleinkinderspielbereiche von anderen Spielbereichen trennen will, so muß man die großen Kinder mit interessanten Geräten von den Kleinkinderbereichen weglocken. Wenn auf einem Spielplatz nur Kleinkindgeräte stehen, ohne daß für größere Kinder in der Nähe ein Alternativspielplatz vorhanden ist, so werden die größeren Kinder auch auf den Kleinkindgeräten spielen, und da sie für größere Kinder uninteressant sind, werden sie falsch oder unfall- und zerstörungsträchtig benutzt.

Es gibt typische Einzel- und typische Kombinationsspielgeräte. Grundsätzlich sind alle wild bespielten Bewegungsspielgeräte wie große Schaukeln, Einpunktschaukeln, Seilbahnen und alle Karussells Einzelgeräte, die mit genügend Sicherheitsabstand vorteilhaft auch zu Gruppen aufgestellt werden sollten.

Seilbahnen dürfen nicht wie Wegespiele mit Plattformen und anderen Geräten kombiniert werden. Die Seilbahn ist kein Wegespiel, da grundsätzlich der Benutzer den Weg erst abschreiten muß, um sich den Wagen zu holen und dann erst spielen, fahren kann. Er kann nicht von einem anderen Spiel spontan auf die Seilbahn umsteigen und mit ihr fahren.

Kleine Schaukeln können unter Umständen mit Plattformen kombiniert werden. Es ist aber immer mit einem Risiko verbunden, da das Schaukeln mit den anderen Spielen nicht in Zusammenhang steht.

Rutschen sind grundsätzlich Kombinationsspielgeräte. Als Bockrutschen sind sie nicht sinnvoll. Dort bietet nur das Rutschen Spielerlebnis, das Leiterhochklettern wird aber als lästig angesehen. Will ein Kind rutschen und die Vorfreude aufs Rutschen noch verlängern, indem es eine Pause macht, sich festhält, nicht rutscht oder auch deshalb wartet, weil es eine "Angstphase" überwinden muß, sind alle hinter ihm Wartenden frustriert. Sie balgen sich um den nächsten Platz, dadurch kommt es zu Stürzen und Verletzungen. Besonders in Kindergärten, wo in den Spielpausen viele Kinder gleichzeitig ihre angesammelte Spielenergie abbauen wollen, sind Bockrutschen unzulässig gefährdend. Selbst wenn eine Rutsche nur an einem Hang, von einem Sandhügel ohne zusätzliche Spielaktivitäten runterführt, wird bereits anders gespielt. Es konzentriert sich nicht alles ausschließlich auf die Rutsche; die Rutsche ist sicherer.

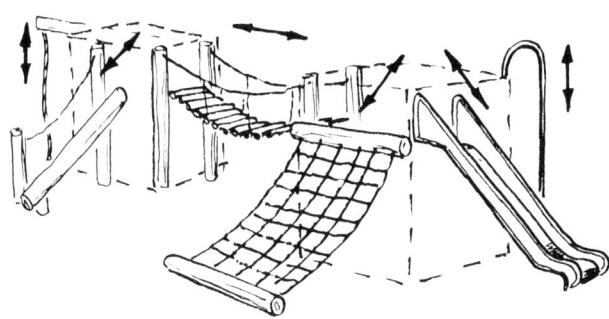

Kombinationsspielgeräte wie Kletternetze, Rutschen, Rutschstangen, Balancierbalken und Seile, Hängebrücken und Kletterseile sollten so kombiniert werden, daß ein logischer Ablauf des Spielens möglich ist. Es sollen sich Auf- und Abgänge und Wege auch außerhalb des Spielgerätes aufeinander beziehen. Es dürfen keine Sackgassen entstehen und schwere Aufgänge müssen durch leichte ergänzt werden. Je mehr Spielkombinationen, um so mehr Spielspaß und Spielwert hat ein Spielgerät.

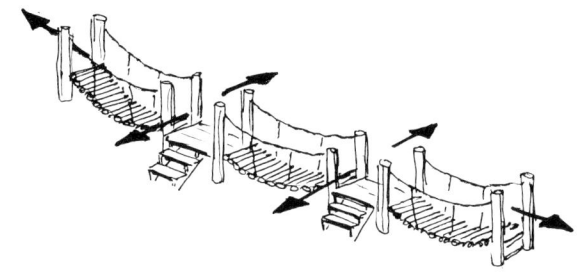

Bei Kombinationsspielgeräten in Reihe ist darauf zu achten, daß der Spieler jederzeit durch Fluchtwege das Spiel abbrechen oder unterbrechen kann, ohne daß er gegenüber seinen Mitspielern Angst, Erschöpfung oder Unlust eingestehen muß.

Aber: Zu starke Konzentration von verschiedenen Kombinationsspielgeräten und Spielwege auf einen Punkt sind gefährlich, weil die optische und geistige Aufnahmefähigkeit bei Menschen begrenzt ist. Bei Gedränge gibt es Fehlreaktionen mit Unfallgefahr. Außerdem können auch hier zu viele auf einen Punkt konzentrierte Spielmöglichkeiten hinderlich sein, wobei ein "weniger" oft ein "mehr" an Spielwert sein kann.

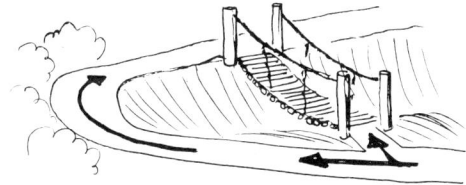

Wegespiele mit höherem Schwierigkeitsgrad sollten als Abkürzung eingebaut werden, die als Belohnung für überwundene Angst oder körperliche Anstrengung dient. Das Wegziel muß aber durch einen leichten Weg auch erreicht werden können, damit Schwächere und Ängstliche nicht verführt werden, die Grenzen ihrer Leistungsfähigkeit zu vergessen, was unweigerlich zu Unfällen führen würde.

Sind spielgerätespezifische Wege sehr leicht zu begehen, so ist es unnötig, gut ausgebaute Umwege anzulegen. Durch Absperrungen spielgerätespezifische Wege zu blockieren, um z.B. Bepflanzungen an einer Rutsche zu schützen, ist sinnlos, weil die Absperrungen zerstört werden und eine unnötige Gefahrenquelle bilden.

Manche Spielgeräte verleiten zum Streiten, wenn sie nur einmal auf dem Spielplatz vorhanden sind.

Tischtennisplatten, Häuschen, Bänke, Schaukeln und Schwingpferde sollten mindestens doppelt aufgestellt werden. Hüpfplatten haben ihren Spielwert nur als Hüpfreihe mit mindestens 3 bis 4 Stationen.

Spielgeräte sollten zu Funktionsgruppen und nicht als willkürliche Mischung aufgestellt werden. Wobei Kleinkinderspielbereiche als zusammenhängende Gruppe, alle anderen als Spielartgruppen zusammen geplant werden sollten. Spielbereiche für Kleinkinder lassen sich durch kleinere Spielgeräte — wenn auf dem übrigen Spielplatz große Spielgeräte vorhanden sind — gut von denen für große Kinder trennen. Sind aber nur kleine Spielgeräte vorhanden, werden notgedrungen auch größere Kinder im Kleinkinderbereich spielen.

Rutschbahnanlagen

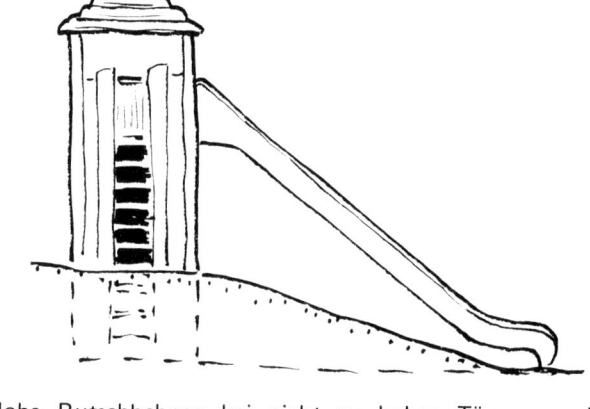

Die Gleiteigenschaft von Rutschbahnen ist vom Hosenbodenmaterial des Benutzers abhängig. Die verschiedenen Materialien reichen vom Klebenbleiben auf der Rutschbahn bis zum überschnellen Hinausschießen.

Hohe Rutschbahnen bei nicht zu hohen Türmen und Plattformen erhält man preiswert durch Hügelanschüttungen.

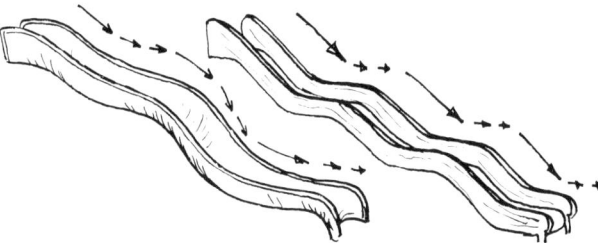

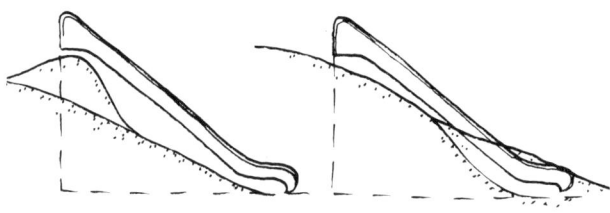

Deshalb sollten längere Hangrutschen, durch Kurven oder Wellen abgemildert, in einzelne Rutschsegmente aufgegliedert werden, so daß keine zu lange Beschleunigungsstrecke entsteht.

Meist sind Hügel flacher als der benötigte Rutschwinkel. Das wird durch leichte Aufschüttung am Rutschenanfang oder durch Ausgrabung am Rutschenende ausgeglichen.

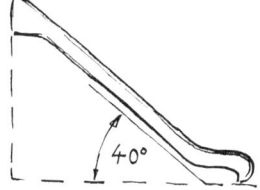

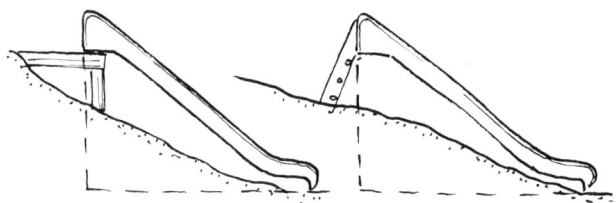

Die durchschnittliche Rutschenneigung liegt bei etwa 40°, wobei sinnvollerweise die Anfangsschräge zur Beschleunigung steiler, die übrige Strecke aber flacher gebaut sein soll.

Durch ein vorgezogenes Podest oder eine kurze Aufstiegsleiter kann man Rutschbahnen an Hänge anpassen, ohne Erdarbeiten durchführen zu müssen.

Wasser-Matsch-Spielbereiche

Ein kleiner Bach, Weiher oder Dorfteich ist der ideale Spielplatz.

Die beste Anlage ist am Hang mit Gefälle. Sind keine Hügel vorhanden und lassen sich keine anlegen, so können auch Podeste für Höhenunterschiede sorgen. Zu flache Wasserrinnen haben nicht viel Spielwert und verdrecken zu schnell durch stehendes Wasser.

Aber unsere Natur ist schon aus dem Gleichgewicht. Die wenigen noch existierenden Biotope müssen geschützt werden. Werden sie bespielt, entsteht schnell eine Kloake. Deshalb müssen Wasser-Matsch-Spielbereiche künstlich angelegt werden.

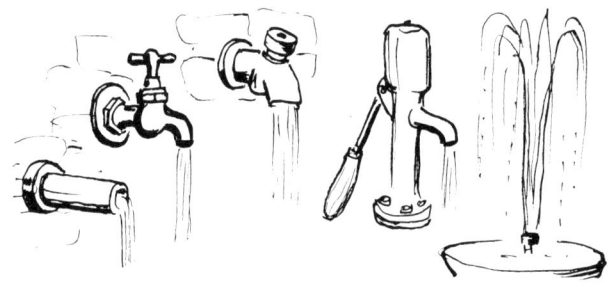

Das Frischwasser muß Trinkwasserqualität haben. Zuläufe aus Rohren, Wasserhähnen, Druckspülen, Pumpen und Springbrunnen sind möglich. Am besten haben sich Pumpen bewährt, die neben dem Spielerlebnis auch die Erkenntnis vermitteln, daß für Wasser gearbeitet werden muß, daß es nicht unbegrenzt zur Verfügung steht. Da Grundwasser auf Spielplätzen meist nicht angezapft werden darf, gibt es Pumpen, die über eine Ventilkombination an das Drucknetz angeschlossen werden können.

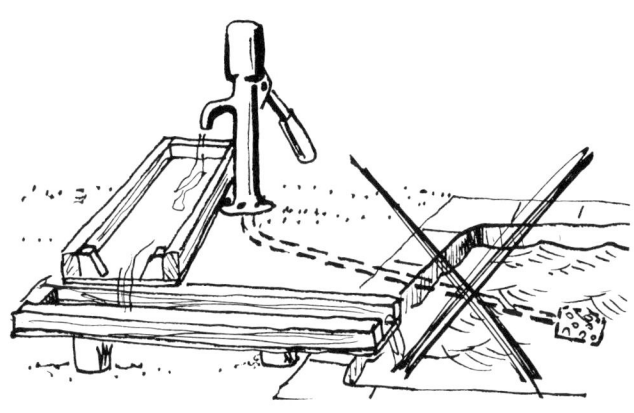

Aus stehenden Gewässern darf Wasser nicht mit Pumpen geschöpft werden, da Kinder aus ihrem Erfahrungsschatz heraus nicht erkennen können, daß dieses Wasser keine Trinkwasserqualität hat. Auch Hinweis- oder Verbotsschilder verhindern nicht, daß davon getrunken wird.

An den Hauptspielstellen sollten Standflächen, die halbwegs trocken und matschfrei sind, durch Pflaster, Findlinge, Bruchsteine oder Plattformen geschaffen werden.
Zur Gliederung und Befestigung des Hanges sind Trockenmauern aus Bruchsteinen, große Findlinge oder auch Betonmauern zweckmäßig.

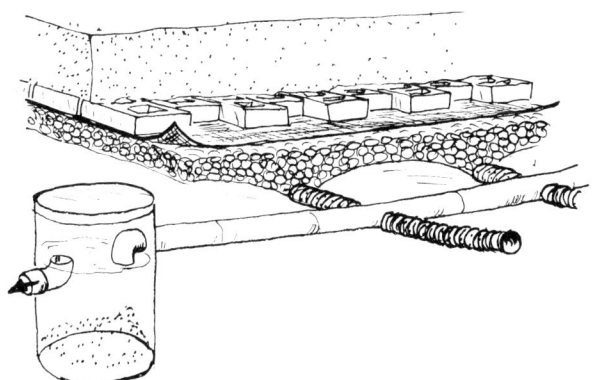

Aus stehendem Wasser kann mit Schöpfrädern, Wasserhebern, archimedischen Schrauben oder Eimerhebern geschöpft werden. Das Wasser darf aber nicht zu stark verschmutzt sein. In Sicht- und Spielweite muß ein Wasserspender mit Trinkwasser sein.

Bepflanzungen von Wasser-Matsch-Spielflächen mit Schilf- und Sumpfpflanzen haben sich nicht bewährt, weil diese Pflanzen nicht robust genug für Spielplätze sind. Wuchernde Weiden, wenn sie ausreichend groß eingepflanzt wurden und Zeit hatten anzuwachsen, sind in den Randzonen und zur Abgrenzung des Wasser-Matsch-Spielplatzes gut geeignet.

Die Entwässerung des Wasser-Matsch-Spielplatzes sollte über eine großzügig bemessene Dränung erfolgen, die über einen Sandabscheider in die Kanalisation führt. Zum Schutz des Drän-Vlieses, das über der Kiesschicht liegt, sollten Lochsteine oder Rasensteine gelegt und dann erst der Spiel- und Matschsand aufgefüllt werden. Damit kann beim Sandauswechseln die Grube befahren werden, und bei besonders tiefen Buddellöchern wird auch das Vlies nicht beschädigt.

Pflege

Jeder Spielplatz und jedes Spielgerät muß gepflegt, gewartet und bei Verschleiß oder Zerstörung schnell repariert werden. Die Inspektions- und Pflegeintervalle hängen von der Spielgeräteart, von der Benutzungshäufigkeit und von der Benutzungsdauer ab. Das reicht in der Praxis von einmal täglich bis einmal wöchentlich.

Wenn Beschädigungen oder Verschleiß zu einer Gefahr für die Benutzer werden, muß das Gerät direkt gesperrt, unbenutzbar gemacht oder abgebaut werden, bis die Reparatur durchgeführt werden kann. Ein nicht funktionierendes Spielgerät bedeutet gestörter Spielwert, es ist eine zusätzliche große Gefahrenquelle und reizt zu weiterer Zerstörung. Wird durch Zerstörung erst einmal Spielspaß geweckt, wird Zerstörung zum Selbstzweck.

Leider ist auch nicht zu verhindern, daß Spielgeräte und Spielplätze immer wieder als wilde Toiletten benutzt werden. Aber man kann verhindern, daß diese Verschmutzungen lange liegenbleiben. So unangenehm es für das Wartungspersonal ist, Exkremente zu entfernen, so wichtig ist es. Denn wenn ein Spielplatz erst einmal so richtig aussieht wie eine öffentliche Bedürfnisanstalt, wird er nicht mehr benutzt und kann sofort abgerissen werden.

Folgende Pflegearbeiten müssen ständig durchgeführt werden:

Durchrechen von Fallschutzböden und Spielsand und das Entfernen auch auf Rasenflächen von Scherben, Steinen, harten Gegenständen, starker Verschmutzung und Exkrementen.

Freigelegte Fundamente, Kuhlen an Rutschenenden und unter Schaukeln immer wieder umgehend auffüllen und gegebenenfalls das umliegende Fallschutzmaterial auflockern.

Die Scheuerstellen, Gelenke und Lager schmieren und überschüssiges Fett entfernen.

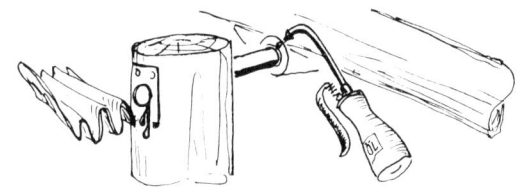

Die Hauptverbindungsschrauben kontrollieren und gegebenenfalls nachziehen. Die eventuell entstehenden Schraubenüberstände absägen und rundfeilen.

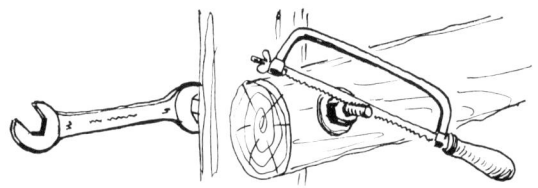

Entstandene Holzsplitter oder Eisenkanten glätten.

Nylonseile, drahtseilverstärkte Nylonseile, reine Drahtseile, Ketten, Ösen auf Verschleiß und Beschädigungen untersuchen.

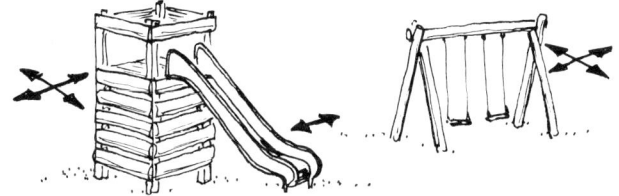

Alle Geräte durch Sichtprüfung und/oder Rüttelprobe auf Funktionstüchtigkeit prüfen. Seilbahnen, Schaukeln, Rutschen und Karussells und andere bewegliche Geräte sollten zusätzlich durch eine Probebenutzung geprüft werden. Besonders muß auf die Bodenverankerung und die Festigkeit der Fundamente geachtet werden.

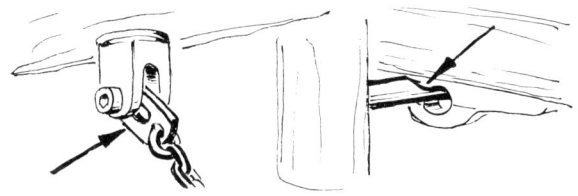

Gelenkteile, Federn, Metallverbindungsteile auf Verschleiß und Beschädigungen untersuchen.

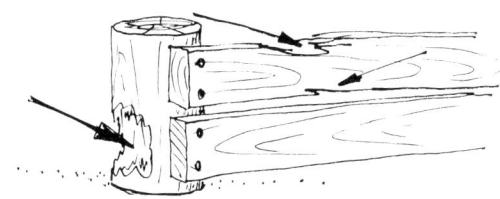

Prüfen, ob Hölzer überdurchschnittliche Witterungsschäden aufweisen, ob Metallteile durch überdurchschnittliche Roststellen geschwächt sind.

Schraubverbindungen von Metall zu Holzteilen auf Lockerung, Ausleierung, Verschleiß und Beschädigungen untersuchen.

Nicht bespielte Spielplätze

Es kommt immer wieder vor, daß Spielplätze nicht benutzt werden. Dies kann verschiedene Ursachen haben, die auf Anhieb nicht erkennbar sind. Es können aber auch mehrere Ursachen gleichzeitig auftreten.

Es folgen hier die Hauptursachen:

Es kann sein, daß in der Gegend keine Kinder mehr vorhanden sind. Dies kommt oft in 20 bis 30 Jahre alten Siedlungen mit schwach wechselnder Bevölkerung bei Ein- und Zweifamilienhäusern vor.

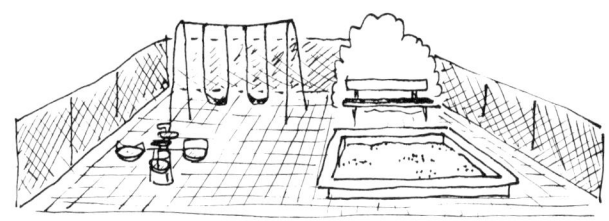

Es kann sein, daß der Spielplatz so trostlos oder so klein ist, daß dort kein Kind hinzulocken ist.

Es kann sein, daß böse Anlieger die Kinder verjagen, erschrecken oder bedrohen, unter Umständen können es auch Jugendliche sein, aber meistens sind es verbitterte ältere Leute. Man sollte versuchen, diese Anlieger durch Gespräche von der Notwendigkeit des Spielplatzes zu überzeugen und sie vielleicht sogar zu positiver Mitarbeit anregen.

Es kann sein, daß es bessere, interessantere oder abenteuerlichere Spielflächen im Einzugsgebiet gibt. Man sollte untersuchen, ob die anderen Spielflächen nicht kindgerechter sind, ob der Spielplatz an seinem jetzigen Ort wirklich sinnvoll ist.

Es könnte sein, daß die Zuwege so gefährlich oder unglücklich gewählt sind, daß die Kinder den Spielplatz kaum erreichen können.

Es könnte sein, daß der Spielplatz so unglücklich liegt, daß Witterungseinflüsse jeden vertreiben. Zum Beispiel, daß es dort ständig windig ist, vielleicht aufgrund einer Düsenzone, die von Häuserblocks gebildet wird, oder daß es im Sommer bei Knallsonne keinen Schatten gibt.

Nur wenn man die Ursachen weiß, kann man reagieren. Und wenn es auch nur das ist, weitere zwanzig Jahre zu warten, bis wieder mehr junge Familien in dem Einzugsgebiet des Spielplatzes wohnen.

Anliegerproteste

Oft sind Anliegerproteste berechtigt, besonders in Neubaugebieten, wo zwischen engen Reihenhäuschen, dicht an der Grundstücksgrenze, winzige Spielplätze für viele, oft von alten Stadtgebieten angelockte, fremde Kinder geschaffen werden sollen. Anliegerprotesten kann am besten entgegengewirkt werden, wenn die Anlieger schon in der Planungsphase angehört und aufgeklärt werden. Oft kann durch ein sichtbares Entgegenkommen der Verwaltung eine Verhärtung der Fronten und endlose Streitereien verhindert werden. Es darf z.B. nicht vorkommen, daß aufgrund eines einzelnen Protestschreibens ein Garagenhof von der Stadtverwaltung zum Spielen gesperrt wird, obwohl anschließend sich fast alle Anlieger durch eine Unterschriftensammlung für die weitere Öffnung als Spielplatz ausgesprochen haben.

Ein oft geäußerter Wunsch nach der Mittagsruhe auf Spielplätzen ist unsinnig, da die meisten Kinder in dieser Zeit als Entspannung nach der Schule am besten spielen können.

Die meisten Anliegerproteste kann man mit etwas gutem Willen meistern.

Ruhestörung durch Lärm kann geringfügig durch Bepflanzung gemildert werden. Die psychologische Wirkung der Schalldämpfung ist wesentlich größer als die meßbare.

Sichtbelästigungen können durch sichtnehmende Hecken und Sichtschutzwände gemildert werden.

Verschmutzung kann durch gute Pflege und Aufstellen von Abfallbehältern verhindert werden.

Zerstörungen müssen durch gute Pflege des Platzes und durch eventuelle Umänderung der Spielmöglichkeiten verhindert werden.

Verunsicherung und Behinderung durch Jugendliche bzw. jugendliche Banden, z.B. Rocker und Skinheads, treten auf neuen, kleineren Spielplätzen nicht auf. Sollte sich tatsächlich eine solche Gruppe als "Dauergast" dorthin verirren, so setzt man sich am besten mit dem Jugendpfleger oder dem Sozialamt in Verbindung und überlegt gemeinsam die Lösung dieses Problems, um auch den Ansprüchen dieser Gruppierung gerecht zu werden.

Grundsätzlich kann man mit dem Lärm von spielenden Kindern leben. Kinder gehören in unsere Gesellschaft und damit auch in unsere Wohngebiete.

Unfälle auf Spielplätzen

Oft sind Unfälle auf Spielplätzen Planungsfehler, beziehungsweise sie hätten verhindert oder gemildert werden können bei einer umsichtigeren Planung. Hauptursachen und Situationen, durch die Unfälle passieren können, müssen in der Planung berücksichtigt werden.

Unfallträchtig ist die Zeit der Einweihung und die ersten Wochen danach. Die Kinder müssen erst lernen, die Spielsituationen abzuschätzen und zu meistern. Großes Interesse bringt großes Gedränge und damit Unfallsituationen, besonders wenn die Einweihung zum Ferienbeginn stattfindet.

Gefährliche Geräte sind z.B. zu lange Rutschbahnen oder zu hohe Türme. Zwar kann durch DIN-gerechte und TÜV-geprüfte Geräte vieles verhindert werden, trotzdem sind manche Geräte konstruktionsbedingt überdurchschnittlich gefährlich.

Unfälle entstehen auch durch die falsche Benutzergruppe an eigentlich sicheren Spielgeräten, z.B. wenn kleine Kinder auf zu großen Spielgeräten oder wenn große Kinder auf zu kleinen Spielgeräten spielen. Deshalb sollte für jede Benutzergruppe entsprechendes Spielgerät vorhanden sein.

Reine Planungsfehler sind Unfälle wegen zu eng aufgebauter Spielgeräte, besonders wenn die Sicherheitsräume noch mit Palisaden oder Mauern eingefaßt sind.

Unfälle durch falsch aufgebaute Spielgeräte, selbst wenn die Planung vernünftig und richtig ist, kommen immer wieder vor.

Unfälle durch zu viele Kinder oder zu wenig Spielgeräte oder zu wenig Spielraum sind auch Planungsfehler, obwohl sie selten dem unmittelbaren Planer angelastet werden können, da die Änderung dieser Probleme selten in seiner Hand liegt.

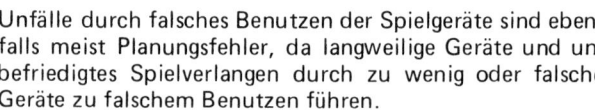

Unfälle durch falsches Benutzen der Spielgeräte sind ebenfalls meist Planungsfehler, da langweilige Geräte und unbefriedigtes Spielverlangen durch zu wenig oder falsche Geräte zu falschem Benutzen führen.

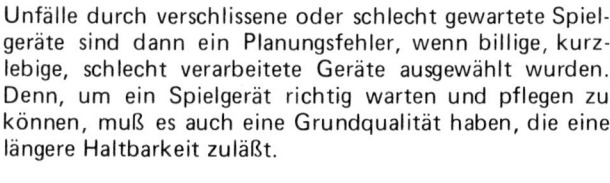

Unfälle durch verschlissene oder schlecht gewartete Spielgeräte sind dann ein Planungsfehler, wenn billige, kurzlebige, schlecht verarbeitete Geräte ausgewählt wurden. Denn, um ein Spielgerät richtig warten und pflegen zu können, muß es auch eine Grundqualität haben, die eine längere Haltbarkeit zuläßt.

Unfälle durch Raufereien kommen immer mal vor und sind nur selten zu verhindern. Kommen aber auf einem Spielplatz oft Raufereien vor, sollte überlegt werden, ob durch ein spezielles aggressionsabbauendes Tobegerät für Ableitung der Rauflust gesorgt werden kann.

Opfer von Unfällen sind überdurchschnittlich viele sehr behütete, sehr verhätschelte Kinder. Wahrscheinlich haben sie zu wenig Erfahrung mit der Gefahr, können sie nicht erkennen und abschätzen und laufen so in ihr Unglück, wo andere Kinder vorsichtiger wären.

Eine überdurchschnittliche Zahl von Kindern verunglückt im Beisein ihrer Väter.
Vielleicht fühlen sich Kinder im Beisein ihrer Väter verunsichert oder im Leistungszwang. Vielleicht spornt der Vater das Kind an, und es fühlt sich genötigt, Dinge zu tun, zu denen es sich sonst nicht trauen würde. Oder vielleicht hat das Kind das Gefühl, wenn Vater bei mir ist, kann mir nichts passieren, und es schaltet seine natürliche Vorsicht aus.

In der Bundesrepublik verunglücken jährlich ein bis drei Kinder auf Spielplätzen tödlich. Von den tausend tödlich verunglückten Kindern im Straßenverkehr sind, wenn man alle, die auf dem Schulweg, auf dem Nachhauseweg, zum Einkaufen oder nur zum Spielen auf der Straße waren, wegzählt, etwa 50 bis 80 Kinder auf dem Weg zum oder vom Spielplatz verunglückt. Daran erkennt man, daß die Erschließung, die Lage und das Einzugsgebiet des Spielplatzes sehr gewissenhaft geplant und ausgeführt werden muß.

Zerstörung auf Spielplätzen

Zerstörungen und Vandalismus, den "bösen" Kindern angelastet, gehen meist auf Planungsfehler zurück. Durch gewissenhafte Planung kann man Zerstörungen stark einschränken oder sogar ganz verhindern.

Beschädigte Geräte, ob durch normalen Verschleiß oder Mutwilligkeit, müssen schnellstens repariert werden, denn einmal erkannte Zerstörung kann zum Spiel werden; ein zerlegter Spielplatz wäre die Folge.

Oft werden die Zerstörungen schon bei der Spielgerätebeschaffung vorprogrammiert, wenn billige, schlecht verarbeitete Geräte ohne Pflegemöglichkeiten ausgesucht werden.

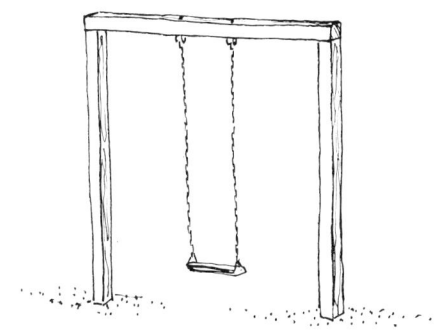

Gut konstruierte und gut verarbeitete, aber im Material zu schwache Geräte sind ebenfalls zerstörungsanfälliger.

Spielplätze, auf denen Spielgeräte ohne oder mit geringem Spielwert stehen, werden aus Langeweile mit Recht zerstört.

Zu kleine Spielplätze, auf denen sich zu viele Benutzer auf zu engem Raum drängen müssen, werden schneller zerstöranfällig.

Wenn die falschen Geräte auf dem Spielplatz stehen, sind Zerstörungen unausweichlich.

Genauso zerstörungsanfällig sind Spielplätze mit zwar ausreichendem Freiraum, die aber sehr eng aufgebaut sind, so daß sich alles Spielen auf engem Raum konzentriert.

Es passiert aber auch, daß vorher nicht erkannte Benutzergruppen den Spielplatz annektieren und es deshalb zu Zerstörungen kommt. Kinder ab zehn Jahren fangen an, mobil zu werden, sie vagabundieren, es können deshalb Benutzergruppen aus ganz anderen Wohngegenden auftauchen. Deshalb sollte bei der Planung die Struktur eines größeren Wohngebietes berücksichtigt werden.

Typisch für Zerstörungen durch Jugendliche ist, daß sie sich mit ihrer Tat produzieren wollen. Diese Zerstörungen geschehen also meistens vor den Augen derjenigen, vor denen man sich aufspielen oder die man schocken will.

Zerstörungen, die aus gestalterischem, kreativem Veränderungswillen herrühren, können als ein Zeichen positiver Arbeit gesehen werden. Man sollte versuchen, mit dieser Benutzergruppe ins Gespräch zu kommen, um gemeinsam Veränderungen und das Spielbedürfnis erfüllende Spielsituationen zu schaffen. Wer solche Zerstörungen nur negativ beurteilt, ist kaum in der Lage, Spielplätze zu planen, zu pflegen oder zu verwalten.

Diesem Produzierbedürfnis können die Kinder und Jugendlichen dann ohne Schaden anzurichten nachkommen, wenn Geräte und Anlagen für besonders wildes Spielen konzipiert werden.

Zerstörung durch Brandstiftung. Ein gern bespieltes Spielgerät wird nie absichtlich angezündet. Entweder war es ein Versehen, ein Unfall oder das Spielgerät war so langweilig, daß es zu nichts anderem mehr nutze war. War es ein Unfall, dann sollte überlegt werden, wie und wo eine Feuerstelle geschaffen werden kann, die so sicher ist, daß Unfälle möglichst auszuschließen sind. Denn wahrscheinlich ist auf diesem Platz Feuermachen ein notwendiges Spielbedürfnis.

War das Feuer von den Spielplatzbenutzern beabsichtigt, sollte überlegt werden, wie der Platz spielenswerter mit oder ohne Feuerstelle eingerichtet werden kann.

Der Brand kann aber auch noch eine ganz andere Ursache haben, wie immer wieder nachgewiesen wurde! Wenn die Anlieger den Spielplatz weghaben wollen, ist nichts leichter, als ihn anzuzünden und die Tat anderen, z.B. den bösen Halbstarken in die Schuhe zu schieben.

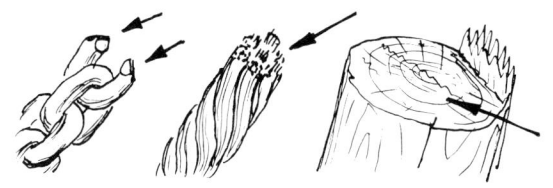

Glatte Sägeschnitte, sauber abgeschnittene Ketten und Seile als Spuren deuten aber fast immer auf Zerstörung durch Erwachsene hin.

Besonders wenn nachts Spielplätze zerstört werden, darf man davon ausgehen, daß Anlieger dahinterstecken. Besonders dann, wenn schweres Werkzeug wie Bolzenschneider und Sägen benutzt wurden. Jugendliche haben bei Kraft- und Gewaltausübung andere Motive, sie wollen sich produzieren, gesehen werden, schocken.

Natürlich gibt es auch sinnloses, durch Aggression ausgelöstes Zerstören, besonders in Ballungsräumen. Aber diese Aggression kann nur durch Therapeuten oder ein anderes soziales Milieu geheilt oder gemildert werden.

Und noch etwas. Die Meinung, daß Kinder früher besser waren als heute liegt nicht daran, daß sie heute schlechter geworden sind, sondern nur daran, daß unser Gedächtnis schlechter geworden ist.

Checkliste

Wenn man einen preiswerten, langlebigen und gut funktionierenden Spielplatz anlegen will, sollte man auf folgende Fragen Antworten suchen!

Bedarfsermittlung

Ist die Einwohner/Benutzerstruktur des Einzugsgebietes bekannt?
Gesamtzahl der Einwohner
Gesamtzahl der Haushalte
Kleinkinder bis 5 Jahre
Kinder 5 bis 10 Jahre
Kinder 10 bis 15 Jahre
Kinder 15 bis 20 Jahre
Rentner/Senioren
Arbeitslose
Gesamt-Wohnfläche
Wohnfläche pro Einwohner in m^2

Wie war in den letzten 10 Jahren die Ab- und Zunahme der Gesamteinwohner, der Kinder, Rentner, Arbeitslosen? Welche Ursachen waren ausschlaggebend? Veränderungen in der Zukunft? Durch was? (Neubaugebiet, Industrieansiedlung/Schließung).

Wie ist der überwiegende soziale Stand der Einwohner?
Soziale Problemfälle
Ausländer mit niederen Einkommensverhältnissen
ärmere, junge Familien
wohlhabende, junge Familien
gewachsene ''normale'' Bevölkerungsstruktur
wohlhabendes, teures Wohngebiet

Wie ist die überwiegende Baustruktur des Einzugsgebietes?
dörflich
kleinstädtisch
Neubausiedlungsgebiet
Trabantenstadt

Großstadtrandgebiet
gut gebauter, älterer Innenstadtbereich
ärmlicher Innenstadtbereich
Mischgebiet
Industriegebiet

Wie hat sich die Struktur in den letzten 10 Jahren verändert?
überproportional gewachsen
normal gewachsen
rückläufig? Warum?
Veränderungen in der Zukunft? Warum?

Wie ist die überwiegende Bebauung des Einzugsgebietes?
Villen/luxuriöse Bungalows
luxuriöse Mehrfamilienhäuser/Hochhäuser
Einfamilienhäuser mit Gärten
Zweifamilienhäuser mit Gärten
kleinere Reihenhäuser
Mehrfamilienhäuser
Wohnsilos
Mietskasernen (Blockbebauung)
gewachsenes, älteres Innenstadtgebiet
Slum/Sanierungsgebiet

Welche wirtschaftlichen, kulturellen und sozialen Einrichtungen liegen im Einzugsgebiet?
Tante Emma-Läden – Einzelhandelsgeschäfte – Kaufhäuser – Märkte – Einkaufszentren
Fußgängerzone – Kino – Theater
Eckkneipen – Pommes frittes-Buden – Eissalon – Kiosk – Gartenlokale – Bars
Arztpraxen – Apotheken – Krankenhäuser
Kindergarten – Grundschule – Hauptschule – Real-/Mittelschulen – Gymnasien – Gesamtschule –Berufsschulen – Behindertenschule/Heime – Altenheime

Gibt es andere Freizeiteinrichtungen oder Möglichkeiten?
größere Naturgebiete – Wald – Park – nicht begehbare Grünanlagen
Spielwiesen – bespielbare Straßen/Wege – allgemein zugängliche Sportanlagen
Stadien – Turnhallen – Sportvereine – Badeanstalten – private Spielplätze – betreute Abenteuerspielplätze – Kinderfarm – Kinderzoo
Brachland – Kiesgruben – Halden – Steinbrüche – Tümpel – Bäche
Schrottplätze – Kippen – Trümmer – alte Fabrikanlagen

101

Beurteilung des Platzes und der Platzlage

Wie groß ist der Platz?

Wie sind die Besitzverhältnisse?

Wie sind die Nutzungsrechte? Nutzungszeitraum? Gibt es Auflagen?

Ist der Platz oder Anlieger geschützt gegen Sicht/Schall?

Gibt es Alternativplätze?

Gibt es zusätzliche Freiflächen? Anschließend, getrennt oder nicht nutzbar?

Wie ist die Platzart und -oberfläche?
Pflaster — Asphaltfläche — ebene Wiese — Hügelwiese — Hanggrundstück — Brachland Sand/Kiesgelände — Felsen — Trümmergrundstück — Sumpf/Teich-, Bachgelände

Sind die Gegebenheiten des Geländes (Hänge, Hügel,Felsen, Bach usw.) nutzbar?

Ist es möglich, das Gelände insgesamt großzügig umzugestalten?

Gibt es nichtveränderbare Geländegegebenheiten?

Gibt es gefährliche, zu sichernde Geländesituationen?

Wie ist die Bepflanzung des Platzes?
Sind große Büsche/Bäume vorhanden?
Gibt es Brachland (Wildwuchs), das erhalten bleiben kann?
Gibt es giftige, nicht nutzbare, zu entfernende Bepflanzung?
Müssen Wiesen/Rasen, Büsche, Hecken neu angepflanzt werden?
Können Beerensträucher, Bäume (Solitäre) oder große Büsche neu angepflanzt werden?
Wann, wie lange ist die Pflanzzeit? Wie lange ist die Anwuchszeit? Muß der Platz in dieser Zeit gesperrt bleiben?

Wie ist die Verkehrserschließung des Platzes?
Wie nah liegt der Platz zur Benutzergruppe?
Gibt es sichere Fußwege zum Platz?
Sind für die Benutzer die Wege bekannt (gleiche wie zum Kindergarten, Schule, Einkaufen)?
Gibt es trennende Hindernisse zwischen Benutzergruppe und Platz wie stark befahrene Straßen (z.B. Stadt-autobahn), Eisenbahnlinie, Kanal, Flüsse, Industriegebiete?
Was für Sicherungen gibt es? Welche sollen neu installiert werden wie Zäune, Mauern, Treppen, Brücken, Blinkanlagen, Verkehrsschilder, getrennte Fußgängerwege?

Welche und wieviele Verkehrsunfälle mit Kindern gab es in den letzten Jahren im Einzugsbereich des Spielplatzes? Im direkten Zugang des Platzes? Im unmittelbaren Umfeld des Platzes?

Was für Problemfälle gibt es in Platznähe?
Banden — Rocker — Drogenszene — Kriminalität — Dirnen/Bordellzone — Vergnügungsviertel — Bahnhof — Schlägereien — Zerstörungen — Vandalismus — Stadtstreicher
Gibt es Kraftwerke — Chemiewerke — Müllverbrennungsanlagen — schwermetallverarbeitende Firmen?
Sonstige Fabriken mit Rauch/Gas/Staubausscheidungen, chemische Kunstdünger- oder Kampfstofflagerplätze in der Nähe des Spielplatzes?
Ist es bei der Umgebung überhaupt ratsam, im Freien zu spielen?
Wurde der Boden auf Schadstoffe hin untersucht?
Was war vorher auf dem Spielplatzgelände? Im Krieg?

Planung

Ist der Bedarf und sind die Benutzer bekannt? Gibt es dazu Unterlagen, Erfahrungsberichte, aufgearbeitete Statistiken?

Ist der Platz und das Umfeld bekannt? Gibt es dazu Unterlagen, Zeichnungen, Pläne?

Wie lang ist die Planungsphase?

Wann soll der Platz benutzbar sein?

Wie lange wird die geplante Nutzungsart notwendig bzw. sinnvoll sein? Lebensdauer des Platzes?

Handelt es sich um eine Neuplanung — Ergänzung — Erweiterung — Umgestaltung — Sanierung?

Wer plant? Baubehörde, Gartenamt, Sozial-/Jugendamt, privater Bauträger, Bürgerinitiativen, kirchliche Stiftung, Verein?

Ist der Planer Landschafts-, Garten-, Städte-, Hochbau-, Tiefbau-Architekt/Ingenieur, Designer?

Ist der Planer für Spielplätze kompetent? Hat er Erfahrung, Referenzplätze, Kenntnisse von Normen, Vorschriften?

Sollte noch eine Fachinstitution zu Rate gezogen werden?

Wird der Planer nach der Planung die Weiterentwicklung des Platzes verfolgen (nachrüsten, umrüsten, pflegen, betreiben)?

Ist das Planungshonorar vom Bauvolumen, Spielgerätevolumen, Zeitaufwand abhängig oder pauschal?

Wurde eine Anliegerbefragung durchgeführt? Sind die Anlieger der Planung gegenüber positiv/negativ eingestellt? Kann die Einstellung der Anlieger positiv beeinflußt werden? Können die Anlieger in die Planung positiv/negativ Einfluß nehmen?

Ist politisch/taktisch Rücksichtnahme erforderlich bzw. sind Beeinflussungen dieser Art zu befürchten?

Ist der Platz nur für eine bestimmte Benutzergruppe gedacht (Kleinkinder, Schulkinder, Jugendliche, Behinderte, Rentner)? Gibt es für die nichtberücksichtigten, potentiellen Benutzer erreichbare Alternativen?

Ist für den Platz ein bestimmtes Spielthema, Spielart vorgesehen? Ist der Platz dafür geeignet? Wer hat die Nutzung vorgeschlagen? Sind Alternativen dazu zulässig/sinnvoll?

Sind andere Spielplätze, Freizeitanlagen, Grünanlagen in die Gesamtplanung einbezogen? Ist die Planung bei der Platzlage, -größe und -benutzerzahl und -art sinnvoll durchzuführen? Sind schon im voraus schlechte Kompromisse zu befürchten? Gibt es Alternativen?

Sind erst während der Planung Zweifel an der Richtigkeit des Konzepts gekommen? Können sie noch berücksichtigt, verhindert, verbessert werden? Sind Alternativen untersucht worden?

Spielauswahl

Gibt es Spielverhaltens-, Wahrnehmungs-Defizite für Kinder im Einzugsbereich?

Gibt es Mangel an natürlichen Spiel- und Freizeitmöglichkeiten?

Gibt es soziologische/psychologische/therapeutische Probleme, die durch entsprechende Spielmöglichkeiten ausgeglichen werden können?

Gibt es Wünsche oder Erwartungen der Benutzergruppe oder der Anlieger?

Gibt es Wünsche oder Vorschriften der Geldgeber, Genehmigungsbehörde, der Betreiber?

Gibt es ein pädagogisches, soziologisches, therapeutisches oder allgemeines Spielkonzept? Wäre es sinnvoll, eines auszuarbeiten?

Ist die Situation des Platzes oder der Benutzergruppe für ein spezielles Spielkonzept geeignet (wie Wasser – Abenteuer – Bau – Spielplatz, Mopedbahn, Jugendlichenplatz, Kinderzoo)?

Gibt es auf dem Platz vorhandene, nutzbare natürliche Spielgelegenheiten (wie Bach, Teich, Felsen, Steine, Hügel, Täler, Büsche, Bäume, Kiesgrube)?

Sind natürliche oder naturähnliche Spielmöglichkeiten anzulegen? Sind spielgerätefreie Spielmöglichkeiten durch Platzgestaltung, Wegegestaltung, Bodenbelag möglich?

Sind Spielgeräte vorhanden? Sind sie nutzbar? Sind sie sicher? Sind sie zu reparieren? Sind sie zu entfernen?

Was für Spielgeräte sind zwingend notwendig?
Was für Spielgeräte werden zwingend gewünscht?
Was für Spielgeräte werden außerdem gewünscht?
Was für Spielgeräte können alternativ eingesetzt werden?
Was für Spielgeräte sollten auf keinen Fall eingesetzt werden?
Aus welchen Gründen?

Sind die Leute kompetent, die diese Forderungen aufgestellt haben?

Können die Spielmöglichkeiten den sich mit der Zeit ändernden Benutzerbedürfnissen angeglichen werden?

Sind Erweiterungen, Änderungen, Verkleinerungen, Vergrößerungen, Alternativen schon vorgesehen?

Ist es sinnvoll, ein räumlich getrenntes, abgestuftes Spielangebot anzulegen?

Ist es sinnvoll, einen zeitlichen Stufenplan für den Einbau verschiedener Spielangebote vorzusehen?

Wurden alle Spielmöglichkeiten bedacht?

Finanzierung

Wie große ist der Etat?
Neubauetat vom Gartenamt der Gemeinde u.ä.
Pflege-Wartungsetat vom Bauhof?

Ist der Etat auf mehrere Jahre verteilt?

Gibt es Zusatzetats vom Jugendamt/Sozialamt?
Gibt es extra Etats für Aufbau, Montage, Tiefbauarbeiten?
Gibt es Zusatzetats vom Kreis, Land, Bund?

Ist der Etat auf die Anlieger umzulegen?
Ist der Etat Teil der Erschließungskosten?
Ist der Etat vom privaten Bauträger zu tragen?

Ist ein Zusatzetat durch Sammeln, Spenden, Tombola, Gartenfest zu bekommen?
Ist ein Zusatzetat als Werbung einer großen Firma zu bekommen?
Ist ein Zusatzetat von einer kirchlichen Stiftung zu bekommen?
Ist eine Wahl in Aussicht, Zusatzetat als Wahlgeschenk?

Kosten sparen durch Selbsaufbau der Anlieger?
Kosten sparen durch Selbstaufbau durch städtischen Bauhof?
Kosten sparen durch Selbstaufbau als Spende einer Baufirma?
Wie hoch sind die Kosten umgelegt pro Einwohner des gesamten Einzugsgebietes des Platzes?

Wie hoch sind die Kosten umgelegt pro Benutzer des Platzes?

Wie hoch sind die Kosten pro m^2?

Was für Gelder werden für welche anderen Maßnahmen zur Hebung der Lebensqualität in diesem Einzugsgebiet ausgegeben? (Theater-Subvention, Sport/Turnverein-Subvention, Kunstwerke, Grünanlagen, Straßenbau, Schallschutz, Repräsentationsbauten.)

Geräteanschaffung

Ist es sinnvoll, die Spielgeräte selber herzustellen?
Ist es sinnvoll, einen örtlichen Handwerker die Spielgeräte herstellen zu lassen?

Sind für die Spielgeräte Sonder/Spezialanfertigungen notwendig? Sind serienmäßige Spielgeräte vorgesehen?

Wer entscheidet über die Auftragsvergabe, ist es der Betreiber/Benutzer/Planer oder die Etatverwaltungsstelle? Ist sie für die Gerätebeurteilung kompetent?

Ist der Lieferant in der Lage, die gewünschte Qualität zu liefern? Ist der Lieferant seriös? Bekannt durch lange Zusammenarbeit, Referenzen, persönliche Beziehung, fachliche Kompetenz? Wurde ein funktionierender Spielplatz besichtigt, auf dem sich seit einigen Jahren Spielgeräte des ausgewählten Lieferanten bewährt haben?

Ist gewährleistet, daß das gewünschte Gerät in der gewünschten Qualität geliefert/angeschafft wird?

Entsprechen die Spielgeräte den Vorschriften/Normen? Sind die Spielgeräte geprüft? Ist die Prüfinstanz kompetent?

Sind die Geräte pflege- und wartungsfähig (Teile auswechselbar, nachstellbar, nachbehandelbar)?

Ist gewährleistet, daß der Lieferant über die Gewährleistungsfrist hinaus fachlich/technisch helfen will/kann?
Ist damit zu rechnen, daß der Lieferant auch nach Jahren Ersatzteile schnell und problemlos liefert sowie Reparaturen durchführen kann?

Ist bei der Vergabe durch Ausschreibung nach VOB gewährleistet, daß auch nur Vergleichbares verglichen wird? Daß nicht der Gerätenachbau mit minderer Qualität den Zuschlag bekommt?

Werden Rabatte gewährt? Wodurch und wie entstehen diese Rabatte? Sind die tatsächlich zu zahlenden Preise mit dem Lieferumfang, Qualität und Materialstärke verglichen worden?

Einbau

Baut die Lieferfirma die Spielgeräte selber auf?
Baut die Gartenbaufirma, die den Platz einrichtet, die Spielgeräte auf?

Ist die Einbaufirma mit den Geräten vertraut? Weiß sie wie, was, wo aufgebaut wird?
Hat die Einbaufirma Erfahrungen mit Spielplatzplanung/Bau/Pflege?
Sind der Einbaufirma Normen und Vorschriften bekannt? Auch für spezielle Geräte?

Sind Sicherheitsabstände und Fallschutzmaßnahmen beachtet worden?
Wer prüft den vorschrifts/normengerechten Einbau? Ist der Prüfer kompetent?

Sind der Liefertermin und der Einbautermin abgestimmt?
Ist ein einmaliger Gesamteinbau oder ein zeitverteilter, stufenweiser Einbau sinnvoll?

Ist der Eröffnungstermin des Spielplatzes festgelegt/bekannt?
Kann der Termin eingehalten werden?

Ist sichergestellt, daß von den gelieferten Geräten bis zum Einbau keine Teile verschwinden?
Ist sichergestellt, daß während des Einbaus für Kinder keine unberechenbaren Gefahren entstehen?
Sollte/könnte die Baustelle gesperrt/abgeschlossen werden?

Werden durch den Einbau Pflanzen/Begrünung/Wege/Bodenbeläge zerstört?
Sollten die Geräte vor der Bepflanzung eingebaut werden?
Ist der Platz, bis die Pflanzen angewachsen sind, gesperrt/schonend benutzbar?

Ist bei Regressfällen sichergestellt, welche Last/Verschulden Einbauer/Hersteller trifft?
Ist die Einbaufirma in der Lage, Änderungswünsche, Umbauten, Nachrüstungen zu machen? Kann der Planer/Benutzer/Betreiber des Platzes während der Einbauphase sich erst vor Ort ergebende, notwendige oder wünschenswerte Änderungen, Umbauten, Nachrüstungen veranlassen?

Pflege

Wer pflegt den Platz? Hausmeister, Hausverwaltung, Parkverwaltung, Bauamt, Bauhof, private Pflegefirma?

Gibt es Pflege/Wartungsvorschriften? Sind sie der Pflegekolonne bekannt?

Wird über Pflege/Wartung/Reparatur Buch/Protokoll/Abhakliste geführt?

Wird bei Bedarf oder in festen Zeitintervallen gepflegt/gewartet?
Ist der Pflege/Wartungsintervall dem Benutzungsgrad angemessen?
Wer kontrolliert die Pflegearbeiten?

Ist bei starkem Verschleiß/Zerstörungen/Bruch ein schnelles Auswechseln/Instandsetzen gewährleistet? Macht das die Pflegekolonne selbst? Oder eine extra Montagegruppe?

Werden bei starkem Verschleiß/Zerstörungen/Bruch die Ursachen untersucht? Und bei Erkenntnissen die Hersteller/Planer/Betreiber informiert?

Wird bei regelmäßig auftretenden Störungen durch Umplanen, Umrüsten, Erweitern versucht, diese Probleme zu verhindern?

Bei plötzlichen Verunreinigungen durch Chemieabgase, Giftgaswolken (Kunstdünger, Kunststoff, PVC, Altöl, Brände), radioaktiven Niederschlag, Verseuchung von Grundwasser ist welche Dienststelle zur Gefährdungsfeststellung und Sperrung des Spielplatzes zuständig?

Sind die Pflege- und Wartungskosten schon bei der Planung/Einrichtung berücksichtigt worden?
Sind die Geräte pflege- und wartungsfreundlich?

Behindern die Pflege- und Wartungsarbeiten die Benutzer beim Spielen?
Kann dies durch Zeitabstimmung verhindert werden?

Ergänzen, Ersetzen, Erweitern von Spielplätzen

Wird der Platz ergänzt/ersetzt/erweitert aufgrund einer Benutzer/Bedarfsanalyse, Benutzer/Anliegerwünsche, Bürgerinitiative, Stadtplanungs/Sanierungsarbeit, politischer Entscheidung, wahltaktischer Entscheidung?

Wird der Umbau systematisch geplant?

Ist bei der Erstplanung/Einrichtung schon berücksichtigt worden, daß eine Bedarfs/Benutzerveränderung auftreten kann?

Können gesammelte Erfahrungen in den Umbau eingebracht/genutzt/berücksichtigt werden?

Wird der Spielwert verbessert oder nur eine Platz/Gerätevergrößerung vorgenommen?

Warum wird der Spielplatz ergänzt/erweitert? Weil zusätzliche Geldquellen/Etatvergrößerungen entstanden sind? Weil zusätzlicher Raum/Platzgewinn möglich wurde? Weil zusätzliche Benutzer angesiedelt/aufgetreten sind? Oder weil andere Freizeitflächen vernichtet wurden?

Warum wird der Spielplatz ersetzt? Weil der Platz/Bereich anders genutzt wird? Weil der Platz/Bereich ungeeignet, gefährlich, zu teuer, schlecht erreichbar ist?

Können vorhandene Spielbereiche/Spielgeräte erweitert werden?
Sollen zusätzliche Spielbereiche/Spielgeräte eingesetzt werden?
Sollen neue andere Arten von Spielkonzepten eingerichtet werden?
Müssen vorhandene Spielbereiche/Spielgeräte umgeplant, umgebaut, versetzt werden?

Ist der Spielplatz während der Umbauzeit trotzdem benutzbar?
Gibt es Ausweichspielbereiche während der Umbauzeit?

Abbau und Auflösung von Spielplätzen

Ist der Spielplatz überflüssig geworden, weil woanders ein neuer Platz eingerichtet wurde oder andere bessere Spielmöglichkeiten entstanden sind?

Ist der Spielplatz überflüssig geworden, weil die Benutzerwünsche sich geändert haben oder die Benutzergruppe sich verändert hat (Kinder sind aus dem Spielalter gewachsen, keine neuen nachgekommen)?

Ist der Spielplatz überflüssig, weil eine Fehlplanung vorliegt oder weil nicht auf Benutzerinteressen, Platzsituation oder Anlieger eingegangen worden ist?

Wird der Spielplatz abgebaut, weil die Nutzungsrechte des Platzes abgelaufen sind? Weil der Platz anders genutzt werden soll? Weil der Platz einem übergeordneten Bauvorhaben weichen muß?

Wird der Spielplatz abgebaut: Weil er nicht benutzt wurde? Weil er immer zerstört wurde? Was sind die Ursachen und durch was will man in Zukunft dieses Problem lösen?

Wird der Spielplatz aufgelöst, weil durch Umwelteinflüsse das Gelände verseucht ist, der Platz nicht mehr benutzt werden darf?

Wird der Platz aufgelöst aufgrund eines Gerichtsbescheides, einer Behördenanordnung? Anliegereinfluß? Politikereinfluß? Sind die Anlieger, Benutzer, Betreiber gehört worden, können sie Einfluß nehmen?

Wie soll der Platz zukünftig genutzt werden? Ist es möglich, ihn bei Bedarf wieder zu reaktivieren?

Werden Ersatzspielmöglichkeiten in erreichbarer Umgebung angeboten?

Wird der Platz so umgestaltet, daß keine Ruine, Kippe, Slum entsteht?

Werden die Spielgerätereste/Fundamente so entfernt, daß keine Gefahrenquellen entstehen?

Werden die Anlieger/Benutzer vorinformiert, was und warum dies mit ihrem Platz geschieht?

Gibt es eine Übergangsphase mit reduzierter Spielmöglichkeit und schon einen neuen Platz zum Eingewöhnen?

Kontrolliste

Spielplatzüberwachung

Spielplätze müssen regelmäßig und systematisch gepflegt und gewartet werden. Die Überwachung erfolgt durch die verwaltende Stelle mittels Kontrollisten. Wenn auf der Liste Art, Häufigkeit und Ursachen der Mängel angegeben werden, so kann sich mit der Zeit statistisches Material ansammeln, das bei der Renovierung, Umgestaltung oder Neuplanung hilfreich ist.

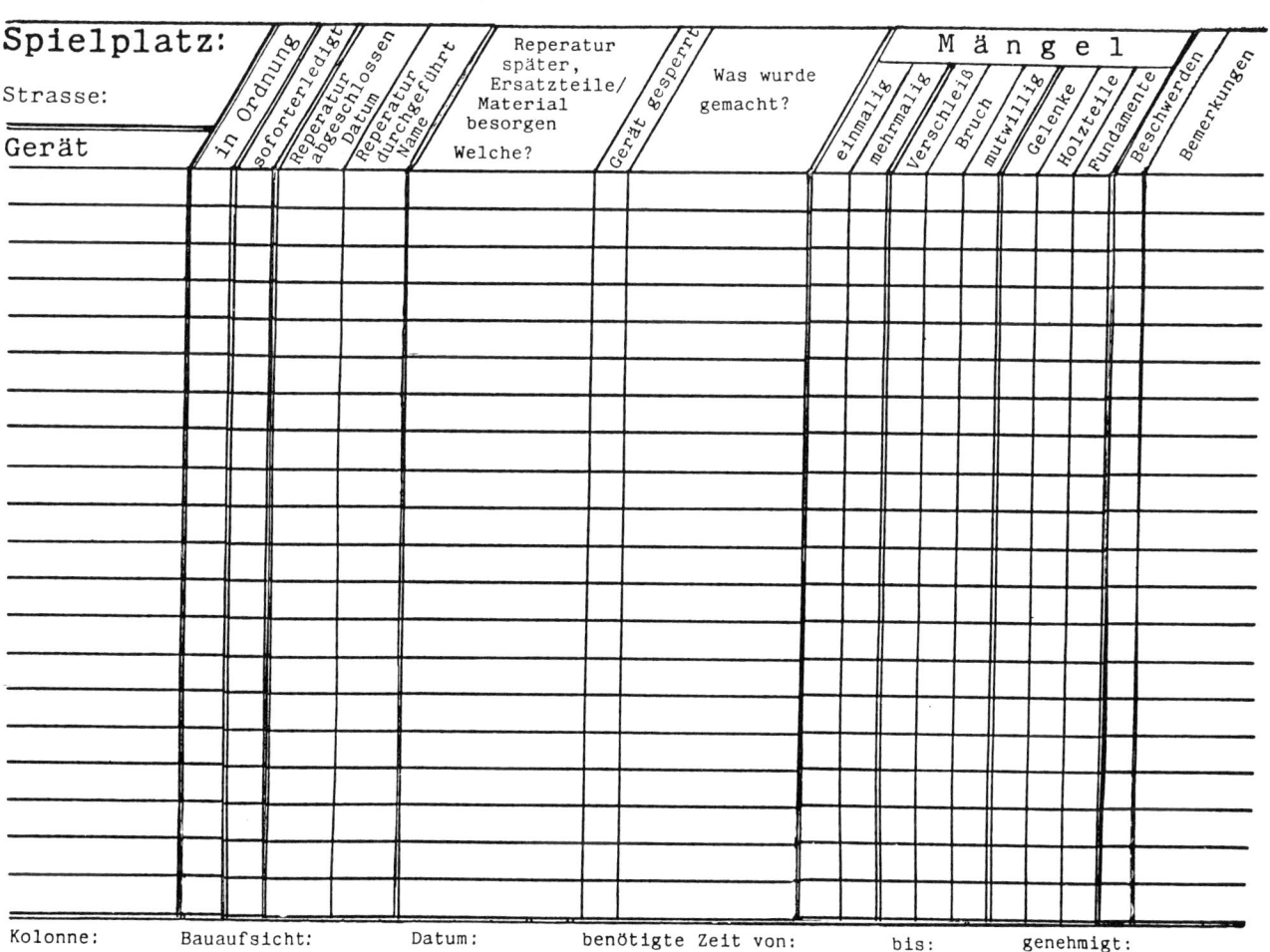

Spielplatz: Strasse: Gerät	in Ordnung	sofort erledigt	Reparatur abgeschlossen	Datum	Reparatur durchgeführt Name	Reperatur später, Ersatzteile/ Material besorgen Welche?	Gerät gesperrt	Was wurde gemacht?	**Mängel** einmalig	mehrmalig	Verschleiß	Bruch	mutwillig	Gelenke	Holzteile	Fundamente	Beschwerden	Bemerkungen

Kolonne: Bauaufsicht: Datum: benötigte Zeit von: bis: genehmigt:

Bildlegenden
zu den Fotoseiten

Bild S. 43
Auf Spielplätzen für Behinderte sollten auch Unbehinderte
Spielspaß haben, damit alle zusammen zu einem normalen,
verständnisvollen Miteinander finden oder sogar Freund-
schaften schließen.
Foto: Norbert Rechler

Bild S. 47
Die kindgemäße Suche nach Abenteuern führt dazu, daß
Kinder ihr Umfeld anders benutzen als es von Erwachse-
nen geplant wird. Wenn gefahrvolle Situationen erst unter
Schwierigkeiten und nur mit Geschicklichkeit zu erreichen
sind, werden diese Gefahren von den Kindern bewußt
erkannt und können gemeistert werden.
Foto: Jan Köster

Bild S. 57
Normgerechter Mindestsicherheitsabstand ist etwas anderes
als notwendiger Spielfreiraum. Obwohl normgerecht, ist
hier zu wenig Platz. Wollen mehrere Kinder miteinander
spielen, behindern sie sich gegenseitig.
Foto: Norbert Rechler

Bild S. 61
Wilde Spiele auf robusten Spielgeräten, bei denen man
sich produzieren kann, sind das beste Mittel gegen aggressi-
ves Auftreten und Schlägereien und gegen Zerstörungen
durch Jugendliche, für die meist kein Spielspaß auf
Spielplätzen vorgesehen ist.
Foto: Norbert Rechler

Bild S. 69
Durch "Palisadenarchitektur" werden häufig überflüssige
künstliche Gefahren und Unfallquellen auf Spielplätzen
hinzugestaltet, die mit dem eigentlichen Spielen oder
einer Spielwertverbesserung nichts zu tun haben.
Foto: Norbert Rechler

Bild S. 73
Wenn die Dränung zu klein oder falsch geplant und gebaut
wurde, kann schnell ein ganzer Platz zum Wasser-Matsch-
Bereich werden. Das ist für Kinder zwar ein schöner Spaß,
wird aber oft Ärger und Anliegerproteste bringen, weil es
in der Planung nicht vorgesehen war.
Foto: Norbert Rechler

Bild S. 79
Wasser-Matsch-Spielplätze können im Sommer "öffentliche
Kleinbadeanstalten" sein und bieten viel Ferienspaß für
daheimgebliebene Kinder.
Foto: Norbert Rechler

Bild S. 81
Rutschen sollten möglichst nicht als einzelstehendes, nur
durch eine Leiter erreichbares Gerät aufgestellt werden,
sondern besser nur als Zu- und Abgänge zu Hügeln, Plattformen oder Türmen.
Foto: Norbert Rechler

Bild S. 90
Zum Matschen, Planschen und Buddeln ist aufgrund
unserer klinisch sauberen Stadtplanung kaum noch Platz.
Deshalb spielen auf Wasser-Matsch-Spielplätzen oft auch
größere Kinder, die schon lange dieser Spielphase ent-
wachsen sein müßten.
Foto: Günther Beltzig

Bild S. 91
Die Sechseckschaukel ist ein Beispiel dafür, daß auch
Spielgeräte, die dem exakten Wortlaut der Norm nicht
entsprechen, sicher sein können. Durch "Sicherheit mit
anderen Mitteln" ist diese Schaukel der übergeordneten
Forderung der Norm nach "kindgerechter Sicherheit"
entsprechend herstellbar.
Foto: Norbert Rechler

Bild S. 100
Oft sind es nicht die großen, dekorativen und teuren
Planungen und Gestaltungen, sondern die kleinen unauf-
fälligen Spielgeräte und Spielsituationen, die den Kindern
den größten Spielspaß bereiten, wenn sie am richtigen
Platz richtig eingesetzt werden.
Foto: Norbert Rechler

Sachwortverzeichnis

AUGUSTUS VERLAG AUGSBURG

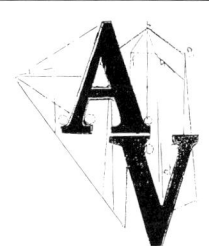

Agde / Nagel / Richter

Sicherheit auf Kinderspielplätzen

Spielwert und Risiko, sicherheitstechnische Anforderungen, Rechts- und Versicherungsfragen.

3. Auflage.

115 Seiten mit rund 50 ein- und 30 mehrfarbigen Abbildungen, 3., neubearbeitete und erweiterte Auflage 1989, Format 21 x 20 cm, gebunden.

ISBN 3-8043-2688-9

Die Verfasser dieses Buches machen im ersten Teil deutlich, daß die Normung für Kinderspielgeräte in der DIN 7962 bestimmte Risiken entscheidend mindert, ohne aber die Freude der Kinder am Spiel zu mindern. Zahlreiche Bilder mit Geräten und Spielszenen belegen das sehr lebendig.

Ein weiteres Kapitel beschäftigt sich mit den sicherheitstechnischen Problemen in der DIN 7962, die sachkundig und verständlich erläutert werden. Besonders willkommen dürfte dem Leser auch die ausführliche Information über Recht, Versicherung und Haftung auf Spielplätzen sein. Das Buch schließt mit einer checklistenartigen Darstellung: Wie bekommt man einen guten und sicheren Spielplatz? Die 3. Auflage wurde auf den neuesten Stand der sicherheitstechnischen Erkenntnisse gebracht. Die immer beliebter werdenden langen Rutschen sind nach der Neufassung der Rutschen-Norm DIN 7926 Teil 3 behandelt. Veröffentlicht werden auch neueste Ergebnisse über die dämpfende Wirkung von Böden und Fallschutzplatten.

AUGUSTUS VERLAG AUGSBURG

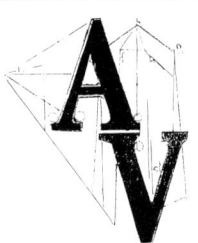

Hans Reiner Thiersch

Das richtige Haus für uns

Einfamilien-, Zweifamilien- und Reihenhäuser.
Von der ersten Idee bis zum Baubeginn.
Mit vielen Grundriß-Beispielen.

192 Seiten mit 15 Farbfotos, zahlreichen Grund- und Aufrißzeichnungen, Format 21 x 20 cm. Gebunden.
ISBN 3-8043-2509-2

Dieser Ratgeber wendet sich an alle zukünftigen Eigenheimbesitzer und begleitet den Entscheidungs- und Realisierungsprozeß von ersten Vorüberlegungen zu Raum- und Wohnbedarf bis zum Hauskauf oder Neubau.
Das Buch behandelt Planung und Kosten ebenso wie Vertragsrechtliches, Architektonisches und macht die wesentlichen Problemkreise des Themas Eigenheimbesitz realistisch einschätzbar und für das jeweilige Budget kalkulierbar.
Ein besonderer Schwerpunkt liegt auf der Analyse gebauter Beispiele, anhand deren man die eigenen Vorstellungen präzisieren kann.

Der neue Wohngarten

Moderne Bauelemente im romantischen Garten am Haus.

Von St. Kunze, Garten- und Landschaftsarchitekt. 2., überarbeitete und erweiterte Auflage. 135 Seiten mit zahlreichen Zeichnungen. Format 21 x 20 cm. Gebunden.
ISBN 3-8043-2067-8

Das Buch zeigt die Vielfalt der zur Verfügung stehenden Natur- und Kunstbaustoffe — im weitesten Sinne alle Bauelemente —, ihr Zusammenwirken und ihre gestalterischen Möglichkeiten in Proportionen, Material und Farbe für den individuellen „Wohnbereich Garten". Darüber hinaus enthält es Vorschläge für Gartengestaltungen, z. B. „Pflegeleichter Garten", „Alter Garten saniert" und vieles mehr.

Die Zeitschrift „Heim und Garten" über die 1. Auflage:
„Hier wird eine gewissermaßen ‚Anleitung' für anspruchsvolle Gartenbesitzer und sogar für Gartengestalter gegeben, wie sie mit ihren Gärten und deren Einrichtung noch interessantere Möglichkeiten erarbeiten können. Die Schrift bietet phantasiereiche Gestaltungselemente, sie regt gleichzeitig stark zu neuen Ideen an."